Aprenda a decir NO

books4pocket

José Matas Crespo

Aprenda a decir NO

EDICIONES OBELISCO

APRENDA A DECIR NO
Colección: Crecimiento y salud

Primera edición: octubre de 2008

© 2008, José Matas Crespo
© 2008, Ediciones Obelisco, S.L.
      www.edicionesobelisco.com
      www.books4pocket.com

Fotocomposición: Books4pocket
Diseño de cubierta: Mariana Muñoz
Sobre una ilustración de *Dreamstime*

Impreso por Novoprint
Energía, 53 – 08740
Sant Andreu de la Barca (Barcelona)

ISBN: 978-84-92516-16-2
Depósito Legal: B-41.586.2008

Impreso en España – *Printed in Spain*

DESIDERATA

Camina plácidamente entre el ruido y la prisa, y recuerda que puedes encontrar la paz en el silencio. Hasta donde sea posible, trata de mantener buenas relaciones con todo el mundo. Di tu verdad serena y claramente, y escucha a los demás, incluso al torpe y al aburrido; ellos también tienen su propia verdad. Evita a las personas ruidosas y agresivas, porque son un mal para el espíritu. Si te comparas con los demás, te volverás vanidoso y amargado, porque siempre habrá personas mejores o peores que tú. Disfruta de tus éxitos lo mismo que de tus planes. Mantén el interés en tu propio camino, por más humilde que sea; es lo único verdadero que posees. Sé cauto en los negocios, pues el mundo está lleno de egoísmo, mas no permitas que esto te ciegue al punto de no ver que la virtud existe, pues muchas personas luchan por nobles ideales y en todas partes la vida está llena de heroísmo. Has de ser quien eres. Sobre todo, no finjas afecto. No seas cínico en el amor, ya que, a pesar de toda la aridez y el desengaño, es tan perenne como la hierba. Alimenta la fortaleza de tu espíritu para que te proteja contra la adversidad. No te atormentes con tu imaginación; muchos temores nacen de la fatiga y la soledad. Además de observar una sana disciplina, sé gentil contigo mismo. Tú eres una criatura del universo, no menos que los árboles y las estrellas; tienes derecho a existir. Y, esté claro o no para ti, no dudes que el universo marcha como debe ser. Y cualesquiera que sean tus trabajos y aspiraciones, en la ruidosa confusión de la vida, mantén la paz con tu espíritu, porque, a pesar de toda la hipocresía, del arduo trabajo y de los sueños fallidos, el mundo es todavía un lugar hermoso. Sé alegre. Esfuérzate por ser feliz.

Max Ehrmann, 1927. © Robert L. Bell

Ojalá nunca nadie nos pidiera nada, ni casi nos preguntara, ningún consejo ni favor ni préstamo, ni el de la atención siquiera... Ojalá nadie se nos acercara a decirnos: «Por favor», u «Oye, ¿tú sabes?», «Oye, ¿tú podrías decirme?», «Oye, es que quiero pedirte: una recomendación, un dato, un parecer, una mano, dinero, una intercesión, o consuelo, una gracia, que me guardes este secreto o que cambies por mí y seas otro, o que por mí traiciones y mientas o calles y así me salves».

Javier Marías
Baile y sueño (vol. 2 de *Tu rostro mañana*),
Madrid: Alfaguara, 2004

aserto (del latín *assertus*). *m.*

Afirmación de la certeza de algo.

asertor, -ra (del latín *assertor, -ris*). *m.* y *f.*

Persona que afirma, sostiene o da por cierto algo.

asertivo, -va (de *aserto*). *adj.* Afirmativo.

«*assertive*» (en inglés). *adj.* Persona segura y firme.

Introducción

Hay gente que pasa por la vida de manera contenida, sin expresarse abiertamente. En ocasiones ocurre ante cuestiones insignificantes o de poca importancia: alguien se nos cuela en la cola del cine, un amigo parece no acordarse de devolvernos aquel libro que con tanta ilusión le prestamos, no se nos respeta el turno de palabra en una conversación, el café que nos han servido está frío, hemos quedado con alguien y nos ha tenido esperando largo rato, o a última hora nos ha cancelado la cita y nos ha dejado, como se suele decir, compuestos y sin novio. Alguien podría argumentar que, en realidad, son pequeñas cosas sin importancia que no nos van a cambiar en nada la vida, y ésta seguirá siendo la misma aun si perdemos cinco minutos de más en la panadería o si no recuperamos un libro que en realidad ya leímos y que únicamente pasará a ocupar su lugar en la estantería de nuestro salón. Tampoco nos irá la vida en ello si el café lo tomamos más o menos caliente, o si hemos de tolerar la demora de un amigo a una cita mientras hojeamos el periódico. De alguna manera, y siendo plenamente objetivos, podríamos decir que es cierto: no nos va la vida en ello. Pero sí nos van otras cosas que, por muy escondidas que estén detrás de lo externamente insignificante, son y deben ser muy importantes para cada uno de nosotros.

Si analizamos con un poco más de detenimiento las situaciones anteriormente descritas, se observará que todas ellas están dotadas de un común denominador: la mala sensación que nos dejan. A nadie le gusta que no le respeten el turno, o lo dejen plantado; tampoco que no nos devuelvan lo que es nuestro, ni que nos desatiendan cuando hemos pagado por un servicio. El sentimiento que dejan estas situaciones, actuemos de la manera como actuemos ante ellas, es un mal sabor de boca. No nos gustan y las desaprobamos. Pese a ello, no siempre actuamos de la manera adecuada, ni nos comportamos como deberíamos. Hay quien simplemente las deja pasar y se lamenta por ello, pero no hace nada en absoluto por reclamar que uno tiene derecho a ser atendido correctamente (y que no nos sirvan el café frío), en el turno que nos corresponde (sin dejar que nadie se nos cuele), a que nuestros amigos tengan respeto por nuestro tiempo si quieren compartirlo con nosotros (y no llegar tarde ni cancelar la cita en el último momento). Todos estos derechos, que lo son, parecen quedar relegados a un segundo plano, como si no fueran suficientemente importantes. Luego, así nos va.

Creemos que porque son cosas de poca importancia, no vale la pena entrar en discusiones que nos puedan resultar tensas; de esta manera, hay quien prefiere no decirle nada al que se ha colado por evitar así un enfrentamiento, esa tensión que nos incomodará y que nos resultará rasposa. «Perdone, pero el turno es mío», habríamos de decir, y ahí debería acabar todo. Deberíamos decirlo con naturalidad, sin tensión interior, sin malestar. Pero eso no ocurre normalmente; en ocasiones, uno deja pasar el atropello, por pequeño que sea, y se va con esa sensación pegajosa, tan difícil de desprenderse uno de ella, que deja el que nos hayamos dejado pisar.

Otros, sin embargo, no desaprovechan la ocasión y sí reclaman que el turno era suyo: «¡Oiga, señora, no se cuele, que estaba yo antes!», dirán con desabrimiento y desdén, ofendiendo quizá en las formas, haciendo que el otro se rebele y conteste, de mala manera también: «¡Oiga, a mí no me grite, que no hay para tanto!».

No siempre este tipo de situaciones afectan a cuestiones nimias en la vida; en ocasiones no son desconocidos los que tratan de aprovecharse de uno, sino compañeros de trabajo (con los que pasamos muchas horas), amigos o familiares, hijos o el cónyuge incluso, con los que compartimos más tiempo y también muchos afectos, deseos e ilusiones, también temores y esperanzas. Con respecto a ellos, las situaciones pueden ser nimias (ese hijo que no hay manera de que levante nunca su plato de la mesa), o pueden no serlo tanto y condicionarnos seriamente la vida por no saber decir *no*.

¿Por qué no sabemos hacer frente, de la manera correcta, a este tipo de situaciones? ¿Por qué no somos capaces de hacer que nos respeten adecuadamente? ¿Qué es lo que nos impide reaccionar con naturalidad, y no con agresividad, haciendo que no traten de pasar por encima de nosotros? ¿Cómo podemos aprender a hacernos respetar sin por ello ofender ni faltar a nadie? Es importante plantearse este tipo de cuestiones porque justamente de ello va este libro. Comprender un fenómeno en su estricta esencia es lo que da las claves para intervenir en él de manera precisa y resolutiva.

¿Acaso no tiene uno el derecho a negarse a hacer aquello que no quiere? Parece que por alguna u otra razón, nos resulta menos incómodo no oponernos a lo que nos piden los demás y nos doblegamos frecuentemente a sus deseos, como si por ello fuéramos a conseguir ser mejores personas. Pero no es cierto, no hay que engañarse más: cuando uno se acostumbra demasiado a satisfacer lo que los otros quieren, se acaba olvidando de sí mismo, de sus necesidades, de sus deseos y de sus ilusiones..., y entonces, la vida empieza a no ser tan maravillosa y una sensación de pesadez se apodera de uno de manera invariable. Cuando alguien ha aprendido a comportarse de manera tal, incorpora tan inconscientemente ese patrón de funcionamiento a su vida, que ya no le parece extraño que haya gente que quiera aprovecharse por todo y en todo momento. Puede llegar incluso a no saber cuándo hay alguien sacándole el jugo, y cuanta mayor tolerancia se desarrolla ante los parásitos, más tienden estos a proliferar y a afianzarse.

Uno no sólo tiene el derecho a decir *basta*, sino que tiene la obligación de hacerlo: «¿Me podrías dejar el coche este fin de semana?», «¿Te podrías quedar un rato con los niños mientras voy a la peluquería?», «¿De paso que vas al centro, podrías traerme estos dos libros que he encargado?», «¿Te importaría sacar al perro y darle de comer el domingo?, es que hemos quedado con unos amigos para irnos a la nieve», «¿Podrías acabar tú el informe?, es que va a pasar a buscarme mi novio para ir al cine y aún no tenemos las entradas», «Me preguntaba si podrías dejarme quinientos euros para pasar el mes». La cuestión no debería ser si uno «puede» o no satisfacer cada una de estas, y otras infinitas, peticiones; tampoco si nos «importaría» o no satisfacerlas. La cuestión de fondo es si queremos o NO QUEREMOS satisfacerlas.

Uno tiene el PODER DE DECIR *NO*, con tranquilidad y sin culpa, sin malestar ni remordimiento, y no hemos de dejar que nadie nos arrebate ese poder. Hemos de ser dueños de nuestra propia vida, y la única manera de hacerlo es siendo dueños de nuestras propias decisiones.

QUÉ ES LA COMUNICACIÓN ASERTIVA

Asertividad..., esa palabra que «no existe»

Si uno busca la palabra *asertividad* en el diccionario, se dará cuenta de que «no existe». No obstante, el Ministerio de Cultura, desde el año 1991, recoge en su base de datos del ISBN un total de quince libros que incluyen la palabra *asertividad* en el título. Esta contradicción nace, como en todas las lenguas, de la necesidad de incorporar significantes para los nuevos conceptos que se van desarrollando. Muchos de estos conceptos se originan al abrigo de disciplinas científicas, como la psicología o la sociología, que van desplegando nuevas teorías y es posible que, en breve, con el permiso de los miembros de la Real Academia Española, el concepto como tal, y el vocablo en particular, acaben incorporándose al diccionario. En realidad, la palabra *asertividad* pretende significar la 'capacidad de ser asertivo'. *Asertivo*, al contrario, sí existe en el diccionario. *Asertivo* es sinónimo de *afirmativo* y viene del verbo *aseverar*, o sea, 'afirmar'. Por lo tanto, la capacidad de ser asertivo, o la asertividad, sería la capacidad para afirmarse, definirse uno en la posición en la que se encuentra, decir «éste soy yo, esto es lo que pienso, y esto es lo que quiero decir», aunque sea *no* lo que queramos decir. «Me reafirmo en lo que digo: no quiero hacerlo.»

Obviamente, la asertividad, como concepto teórico, implica aspectos de la conducta y el comportamiento humano mucho más amplios que el mero significado «afirmativo» del vocablo. En realidad, y llevándolo a las últimas consecuencias, ser asertivo sería una forma de estar en la vida; ser asertivo sería, no solamente el acto de reclamar los derechos de uno y saber decir *no* a tantas peticiones abusivas como se nos puedan plantear, sino también disponer de toda una serie de «habilidades comunicativas» para darnos a conocer y expresarnos en total libertad, tanto para lo bueno como para lo malo; saber dar y recibir halagos; saber escuchar, con atención y respeto, para exigir ser escuchados; comunicarnos honestamente y sin hipocresía; no esconder lo que pensamos por miedo a parecer ridículos; reivindicar el derecho a satisfacer nuestros deseos y expresar abiertamente nuestra ilusión por ser felices, partiendo de cualquier condición de la que partamos. Por lo tanto, se mire desde la posición que se mire, la asertividad tiene mucho que ver con el «decir» y muy poco con el «callar». Serían sinónimos de *asertividad*: *hablar, opinar, manifestar, mostrar, expresar, afirmar, preguntar, exclamar, proclamar, reclamar, demandar, pedir, solicitar, anunciar* y, por supuesto, también *negar*. Serían contrarios a *asertividad*: *callar, otorgar, enmudecer, silenciar, ocultar, inhibir, ceder, encubrir, velar, consentir, claudicar, renunciar, desistir, cesar, fingir, aparentar...*; en definitiva, no sería propio del comportamiento asertivo todo aquello que connote un ocultamiento, una inhibición para expresarnos libremente por, y éste es el aspecto clave, miedo a los otros o a su reacción.

El «otro» sería, por tanto, el eje en torno al cual girará siempre la relación asertiva. Es ante el «otro» como nos afirmamos o nos negamos, como nos mostramos o nos inhibimos: como nos reivindicamos.

Sin embargo, para entender la asertividad en toda su auténtica dimensión, no podemos dejar de lado el lugar desde el que parte y hacia donde se dirige. La comunicación asertiva debe en todo momento dignificar a la persona, aumentar su autoestima y la sensación de integridad. Sería muy difícil entender que alguien se ha mostrado asertivo si la motivación de su conducta tiene que ver con la envidia, el resentimiento o el rencor. No somos asertivos si al negarle a alguien cualquier cosa que nos pida, lo hacemos con la intención de saldar una deuda pendiente, por puro revanchismo («Como él no me dejó el jersey azul, ahora yo no le presto mis apuntes»); tampoco si lo hacemos con la insana intención de hacer daño, hacer que el «otro» «se joda» para deleite nuestro. Esto podría parecer algo alejado de la realidad, pero no es así. Muchas personas que sí son asertivas, y niegan, en su derecho, peticiones y demandas, se encuentran luego con el revanchismo de los otros. La diferencia entre una conducta y otra radica justamente en qué la ha motivado. Como bien he dicho al principio, la respuesta asertiva debe dignificarnos, hacernos sentir en plena integridad con nosotros mismos, y esa sensación jamás llegará desde la venganza o el resentimiento.

Normalmente, las personas que actúan con revanchismo ante una negativa no son personas asertivas: el asertivo entiende que el otro está en su derecho a la hora de negar o conceder y, por lo tanto, no se ofende ante una negativa. Si entendemos que los otros no están obligados a satisfacer nuestros deseos, sino que tienen el derecho a hacerlo y también el derecho a no hacerlo, no sentiremos como un agravio que nos nieguen algo. La asertividad implica elección en libertad; jamás será en libertad cualquier elección que hagamos motivados por la indignación, el agravio o la envidia.

La respuesta que niega o deniega será asertiva si parte de una elección libre, espontánea y no condicionada por la reacción del otro, ni para condicionar al otro.

Para poder entender de una manera más plástica lo anteriormente expuesto, será bueno que veamos algunos ejemplos –por otro lado, bastante típicos– en los que seguramente podremos reconocernos o reconocer a alguien próximo.

Caso 1. Adiós a las partidas de mus

La señora Matilda es una respetable ama de casa de 63 años. Tiene una apacible vida junto a su marido, Jacinto, de 65 años y jubilado. Ambos mantienen una vida social muy activa, incluso por separado, ya que Matilda va a jugar todos los viernes, desde hace seis años, su partida de mus a casa de su amiga Margarita, en la que se reúnen, además, otras dos amigas más con las que toma el té y charla amenizadamente. La hija de Matilda, Susana, ha aprovechado la comida del domingo para pedirle a su madre si podría, el viernes, ir a recoger los niños al colegio y hacerse cargo de ellos hasta las ocho: «Tengo que atender a unos clientes y me será imposible hacerlo yo misma». En lo primero que ha pensado Matilda ha sido en su partida de mus, pero inmediatamente le ha asaltado el remordimiento por no pensar que sus nietos son más importantes que cualquier partida de mus. «Además, por un día que no vaya a la partida no pasará nada», se justifica, aunque en el fondo sabe que, si no puede ir a la partida, sus amigas se quedarán cojas, ya que son necesarios cuatro jugadores. En realidad, preferiría que su hija buscase otra solución. Quizá su hija podría cambiar la cita con los clientes, pero Matilda no osa ni siquiera plantearlo. Para ella no sería ninguna inconveniencia hacerse cargo de los niños cualquier otro día, pero el viernes por la tarde hace que tenga que renunciar a uno de los momentos más reconfortantes de la semana. Aun así, no muestra ningún indicio por su incomodidad y con una amplia sonrisa le dice a su hija que no se preocupe, que irá a recoger a los niños.

El tipo de preguntas que debería uno plantearse con respecto al anterior ejemplo son: ¿se ha sentido Matilda completamente libre para expresar lo que verdaderamente sentía? ¿En realidad era tan importante la reunión de su hija para que ella tuviera que sacrificar su partida semanal? ¿No había otras alternativas para que los niños no se quedaran solos? Todas estas preguntas son las que Matilda debería haber planteado para mantener una comunicación asertiva con su hija; debería haberle expresado abiertamente que para ella iba a ser una inconveniencia tener que hacerse cargo de los niños el viernes por la tarde y que preferiría hacerlo otro día. Debía haberle preguntado si no había posibilidad de cambiar esa cita con los clientes, o adelantarla, e incluso debería haberle preguntado por Jaime, su yerno, si no podía hacerse cargo él mismo de sus hijos esa tarde. Susana está acostumbrada a que su madre atienda sus peticiones, especialmente si están relacionadas con sus nietos, a los que adora; Matilda, no obstante, siempre se ha mostrado encantada de ayudar a su hija cuando ha podido. Por esa razón, Matilda creyó que su hija no entendería, en este caso si le hablaba abiertamente, su falta de disposición, y prefirió callar para no dar la impresión de que no quería atender a sus nietos, o incluso tener que revelar que lo que prefería era irse a jugar a cartas con sus amigas.

Caso 2. Una amiga en casa

Gloria y Javier son una pareja joven que llevan ya cinco años de convivencia más otros seis de noviazgo. Se conocen bien, pero, pese a ello, están pasando una mala racha por una crisis que no pueden resolver. Ella acaba de regresar a casa después de una temporada en la de sus padres, para tratar de resolver sus problemas y encontrar así la placidez y la armonía de tiempos pasados. Saben que su relación podría romperse si no encuentran de nuevo el equilibrio. Tan sólo unos días después de que Gloria haya regresado con ánimos renovados, Javier recibe la llamada de su amiga Andrea desde Londres. Javier y Andrea son muy buenos amigos, y a Gloria nunca le ha importado compartir buenos ratos los tres juntos. Andrea tiene un carácter fuerte, su última relación se rompió a causa de éste y ha decidido volver a España para iniciar una nueva vida. Le ha pedido a Javier si podría quedarse en casa una temporada, mientras encuentra trabajo y piso. Javier sabe que no es el mejor momento para tener huéspedes, y que la presencia de una tercera persona podría zancadillear cualquier esperanza de reequilibrio para su relación. Aun así, no le dice que no, sino que hablará primero con Gloria para saber su opinión. Gloria parece poco dispuesta a que Andrea se quede un tiempo con ellos, pero tampoco quiere afrontar la responsabilidad de ser ella la que tome la decisión de negarse a ello. Trata de persuadir a su pareja, Javier, de que sea él el que se oponga, y éste, a su vez, quiere que sea una decisión conjunta. No acaban de ponerse de acuerdo y las discusiones vuelven a surgir. Andrea no ha llegado todavía y ya ha generado nuevas desavenencias entre la pareja. Como son incapaces de negarse (ellos se quedaron diez días en casa de Andrea cuando viajaron a Londres), acaban aceptándola y asumiendo el riesgo de que eso disminuya las probabilidades para que su relación salga adelante, ya que no dispondrán de la intimidad necesaria para poder arreglar sus propias desavenencias.

En este segundo caso, la falta de asertividad no compete sólo a una de las partes, sino que es la pareja, en su conjunto, quien no es capaz de mostrar una comunicación asertiva y deciden, pese al alto riesgo que comporta, ceder ante la petición de la amiga y tenerla (sin saber por cuánto tiempo, «hasta que encuentre trabajo y piso») en casa. Nuevamente, éste sería un caso en el que la respuesta asertiva ha quedado relegada, y una comunicación poco sincera hará que las circunstancias se vuelvan muy desfavorables para todos.

Caso 3. Susana, la comercial eficiente

Susana es una eficiente comercial que trabaja para una importante empresa en el centro de la ciudad. Como todo buen comercial, sabe que una parte sustancial de sus ingresos depende de las comisiones que obtenga por las ventas que haga durante el mes. Normalmente, no trabaja los viernes por la tarde, ya que la mayoría de las empresas que tiene como clientes cierran a mediodía. Pero hace tres semanas no dudó en pedirle a su madre que se hiciera cargo de sus hijos para atender a un potencial cliente con el que pretendía cerrar un pedido importante. El cliente, después de media hora de estar esperándolo, llamó ese mismo viernes para decirle que le iba a ser imposible acudir a la cita y que la llamaría para reprogramar la visita. Ella se sintió muy ofendida, pero no osó recriminarle su actitud, por miedo a que ello pudiera, verdaderamente, abortar las posibilidades de venta. Muy ofuscada, dudó entre llamar a su madre y decirle que no era necesario que se hiciera cargo de los niños, o bien tomarse la tarde libre e irse de compras y a la peluquería. Dada la frustración que tenía por la cancelación de la cita, optó por la segunda opción. Durante el devaneo por las tiendas de ropa, se encontró con Andrea, una amiga del instituto a la que hacía tiempo que no veía. Ella se alegró de verla y decidieron tomar un café y recordar viejos tiempos. Andrea le contó que estaba viviendo en casa de unos amigos mientras encontraba un trabajo, ya que había decidido volver a España. Le dijo que había tenido ya un par de entrevistas pero que de ninguna había resultado nada positivo, por el momento. Le pregun-

tó si podría ayudarla a encontrar trabajo en su empresa, y le entregó un currículum con sus datos para que lo hiciese llegar al departamento de recursos humanos. Mientras la charla transcurría agradablemente, Susana no pudo dejar de recordar que ambas compitieron por la misma beca para irse a Londres y que, finalmente, fue Andrea quien la consiguió aniquilando los sueños de aventura de una Susana mucho más joven. Susana también se negó a prestarle algo de dinero (pese a que su situación económica es muy holgada) alegando que ese mes había tenido muchos gastos, pero trató de reconfortarla diciéndole que haría todo lo posible por conseguirle un puesto en la empresa. Después de despedirse, arrojó el currículum de Andrea hecho pedazos a la primera papelera que vio y se dijo para sí: «No te vendrá mal que sepas, al fin, lo que es sufrir un poco».

Como se puede observar en este tercer ejemplo, Susana no ha accedido a ninguna de las peticiones de su amiga, Andrea, lo que podría interpretarse como una conducta asertiva. No le ha prestado dinero cuando se lo ha pedido, y tampoco hará nada por intentar colocarla en la empresa (ahorrándose así cualquier responsabilidad posterior si su desempeño no fuese el esperado o diese algún problema). Pero nada más lejos de la comunicación asertiva está la respuesta de Susana, que ha actuado por resentimiento y con revanchismo hacia alguien que, posiblemente, no estaba haciendo ninguna petición abusiva. Susana podría haberle prestado unos cientos de euros y haber entregado, sin ninguna intercesión por su parte, el currículum en el departamento de recursos humanos, pero ha preferido resarcirse por el disgusto que tuvo siendo adolescente al saber que Andrea había conseguido la beca para Londres y ella no.

Con estos ejemplos se ha pretendido poner de manifiesto cuáles son algunas de las dificultades, principalmente emocionales, que llevan a las personas a tomar decisiones en contra de sus propios legítimos deseos e intereses aun en contra de que eso pueda acarrearles inconveniencias o incluso complicaciones. Son personas normales y corrientes que no han sabido decir que no cuando eso hubiera sido lo más apropiado, o, como mínimo, deberían haber tratado de evaluar exactamente hasta qué punto la petición que se les estaba haciendo era ineludible y la persona que la hacía había considerado todas las posibles opciones. Cuando alguien nos pide algo, tenemos el derecho de preguntar por qué nos lo pide, y para qué nos lo pide, es decir, estamos en disposición de pedir explicaciones para poder así valorar con toda la información cuál sería la mejor respuesta. Eso es lo que debería haber hecho Matilda con su propia hija, y no haber complacido sin mayor objeción la petición que le hizo su hija. También deberían haber preguntado Gloria y Javier a Andrea por cuánto tiempo pensaba quedarse y si, en vista de la indefinición, tenía ya algunas opciones a la vista para encontrar trabajo, también si tenía recursos suficientes para hacer frente a sus gastos y a los que generaría su estancia en el piso. Pero no lo hicieron por miedo a parecer entrometidos, o bien porque este tipo de preguntas pudieran dar a entender su falta de disposición a alojarla. En ninguno de estos dos casos hubo una comunicación asertiva, es decir, honesta, directa, transparente y carente de recelos.

Muy al contrario, hubo disgusto encubierto en el caso de Matilda, también resignación; y miedos velados y reticencias no confesadas en el caso de la pareja con problemas. Esta falta de respuesta asertiva traerá, como se verá posteriormente, consecuencias fatales para ambos casos.

De forma muy distinta trató Susana a su amiga Andrea, a la que escuchó atentamente y con la que conversó de forma relajada mientras su madre sacrificaba su tarde de mus. Como se ha visto, Susana no cedió a la petición de dinero por parte de Andrea, pero no por ello debe considerarse esto una conducta asertiva. Obviamente que dijo *no*, pero no porque quisiera decir *no*, sino porque su resentimiento la llevó a tomarse una pequeña venganza por algo ocurrido varios años atrás. Ésa no es una conducta asertiva, pues ésta, como se ha dicho al principio, debe siempre dignificar a la persona y hacerla sentir en perfecta integridad con ella misma; la venganza personal jamás puede hacer brotar tan nobles sentimientos. La asertividad no tiene nada que ver con la frivolidad ni con la desaprensión. La asertividad sería, en palabras de Yagosesky,[1] una «forma de expresión consciente, congruente, clara, directa y equilibrada, cuya finalidad es comunicar nuestras ideas y sentimientos o defender nuestros legítimos derechos sin la intención de herir, actuando desde un estado interior de autoconfianza, en lugar de la emotividad limitante típica de la ansiedad, la culpa o la rabia». En palabras de Riso,[2] la aserti-

---

1   Renny Yagosesky: *La autoestima en palabras sencillas*, Caracas: Ganesha, 2000.
2   Walter Riso: *Cuestión de dignidad*, Barcelona: Granica, 2004.

vidad sería «una herramienta de la comunicación que facilita la expresión de emociones y pensamientos; no es un arma destructiva, pero sí una manera para defenderse de manera inteligente».

La agresividad: el lugar al que no hay que llegar

Algunas personas acaban confundiendo asertividad con agresividad. Son personas que suelen definirse a sí mismas como de fuerte carácter pero de altos principios morales. Nada más lejos de la realidad. Es fácil encontrarse con personas agresivas que hacen de la expresión violenta el vehículo principal de la comunicación. No necesariamente han de ser personas de aspecto huraño y desabridas; muy al contrario, en un primer encuentro nos pueden resultar encantadoras, con grandes dotes para la relación social, incluso amables. Las apariencias pueden engañar. Es normal que en un primer encuentro las personas no muestren su lado más salvaje, pues los agresivos saben que su comportamiento intimida, bien aprendido lo tienen, y no dudan en ponerlo a buen resguardo cuando es necesario. Tampoco el león ruge ni muestra su fiereza en el acecho a su presa; lo hará después, cuando ya la tenga entre las garras; previamente, su comportamiento será desplegado con sigilo y mucha cautela. No debemos confundir tampoco a las personas agresivas con los delincuentes, que también lo son normalmente; me estoy refiriendo a personas sin ningún tipo de estigma social, perfectamente integradas, con familia, cónyuge, hijos, trabajo, etcétera. Es importante conocer bien este tipo de comportamientos y las motivaciones que subyacen a ellos por dos razones: la primera, para saber defendernos de este tipo de personas; la segunda, para no acabar comportándonos como una de ellas.

Al contrario de las personas poco o nada asertivas, los agresivos consideran que su persona y sus derechos están por encima de los de cualquier otro ser humano; además, cualquier necesidad que tengan la convierten, por defecto, en un derecho irrenunciable. Son ese tipo de personas a las que no les importa fumar donde no está permitido, y que reaccionarán con una conducta intimidatoria ante quien trate de hacerles desistir de su comportamiento. Para poder detectarlos es necesario conocerlos, por lo que uno deberá estar muy atento. Suelen ser personas que se manifiestan desinhibidamente; es probable que si le estrechan a uno la mano, de entrada, en un primer encuentro, lo hagan ya con fuerza suficiente como para que notemos en el apretón de manos cierta contundencia: es su manera de marcar el territorio. Nos hacen saber de entrada que el principio que gobernará con ellos la relación social será la lucha y la disputa; por lo tanto, han de hacer gala de su poderío a las primeras de cambio. Suelen mirar directamente a los ojos, especialmente cuando son ellos los que hablan, pues tratan de garantizarse continuamente la atención de cuantos les rodean. Al principio, como digo, pueden causar cierta impresión por su manera desenvuelta y poco acomplejada, pero pronto nos daremos cuenta de que lo que en realidad necesitan para relacionarse no son personas para tratarlas de igual a igual, sino contrincantes para someterlos. Entienden la relación social en términos de dominio, por lo que en ningún momento se dejarán doblegar. Si uno sale con ellos a tomar un café, jamás dejarán ser ellos los invitados, pretenderán siempre ser los que inviten para, en ningún momento, sentirse en manos del otro; también como una forma más de mostrar su superioridad, de tenernos bajo mando. Las buenas formas y la correcta educación las llevan al extremo en estas circunstancias, casi de forma teatrera, lo que les facilita sentirse importantes en su pequeño mundo de subyugaciones. El agresivo no se relaciona, compite. El agresivo no te ayuda, te salva para que estés en deuda con él. El agresivo no te escucha, simplemente oye los sonidos que pronuncias.

Muestran siempre una seguridad infalible que basan, muy específicamente, en la intimidación que ejercen en la relación interpersonal. Jamás tolerarán estar por debajo ni, como dicen por su propia boca, «dejarse pisar». El ámbito de sus derechos lo consideran tan amplio que es fácil, en cualquier momento, entrar en conflicto con ellos. Suelen ser poco tolerantes y de pensamiento rígido, ya que sus convicciones adquieren siempre el valor, más que de verdad, de certeza. Tratarán siempre de convencernos de sus puntos de vista y de sus creencias, pues necesitan constantemente reforzar su sistema de convicciones interno haciendo que los demás claudiquen de sus planteamientos. Es inútil tratar de hacerles ver otros puntos de vista, que siempre menospreciarán o desdeñarán con indiferencia y jocosidad.

El agresivo nunca reclamará con respeto que le traigan el café caliente, si es que se lo han servido frío, sino que lo despreciará y pedirá otro haciendo alguna alusión personal al camarero, como que no está suficientemente atento a su trabajo, o que en realidad no sabe hacer bien su faena, tomando siempre la parte por el todo, y la pequeñez por la globalidad de la persona. El agresivo tolera mal que le hagan esperar, pues parte siempre del supuesto de que las atenciones que merece no deben demorarse en ser atendidas porque otros se antepongan; y así, siguiendo con el ejemplo del camarero, no dudarán en decirle: «Los he visto más rápidos», si creen que los están haciendo esperar sin motivo.

Como digo, es fácil reconocerlos. No es, sin embargo, sencillo escapar a la onda expansiva que genera siempre su comportamiento desmedido. Es esperable, por tanto, que cualquiera se sienta intimidado con respecto a estas personas, y que uno acabe mostrando, aun sin serlo, una respuesta sumisa por garantizarse no entrar en conflicto. Lo más sencillo en estos casos es evitarlos, pero nunca mostrarles temor, pues eso es lo que más les llena y confirma su posición dominante como si de un macho alfa se tratara en una jauría.

Ante un conflicto, de la naturaleza que sea, siempre habrán de tener la razón, jamás reivindicarán sus derechos de una manera respetuosa, tratando de no herir a la otra parte; más bien al contrario, su respuesta será siempre de ataque, por lo que tienden a hacer uso de las ofensas y los descalificativos personales. Jamás pondrán en juego sus ideas, jamás se cuestionarán que puedan estar equivocados, es algo que no toleran para sí mismos, por lo que harán valer, a toda costa, sus principios y sus derechos, sin entender jamás que los demás también los tienen, que son dignos de respeto y consideración, que tienen sentimientos que no deberían herirse gratuitamente. El principio de su funcionamiento es: «Yo soy más que tú», y para que esa verdad se cumpla tienen que hacer menos a los demás.

Con estas indicaciones y algo de perspicacia será fácil evitar a este tipo de personas, que suelen aportar pocas cosas de valor en la relación interpersonal. No obstante, en ocasiones, no será posible evitarlas, pues podrán ser nuestros jefes, nuestros subordinados, profesores, alumnos, pero también nuestros padres, hermanos, e incluso pareja (sí, señor, el amor no entiende, en ocasiones, de principios asertivos). Como digo, con este tipo de personas, lo más difícil de conseguir es que nos respeten (y, por lo tanto, que respeten nuestros derechos). Los principios básicos para relacionarnos con personas agresivas sin resultar dañados, serían:

- no entrar jamás en discusiones banales, pues es fácil que éstas deriven en un conflicto interpersonal;
- no mostrarnos dispuestos a que modifiquen nuestra manera de pensar (repito, no entrar en discusión; pero, si es necesario, dejar claro nuestro punto de vista: «Yo no lo veo así, pero no voy a discutir por ello»);
- no hacer alusiones de tipo personal, incluso ciertos halagos podrían ser considerados una falta a su honor (que suelen tener en gran alta estima, siempre bien reluciente, y que es mejor no mencionar para no dar lugar a mancillarlo).
- hablarles siempre con firmeza y de manera directa;
- jamás caer en el descalificativo personal;
- no tolerar, nunca, bajo ningún concepto, que nos insulten o menosprecien (siempre podemos decir: «No, esto no lo tolero», y simplemente irnos).

El agresivo siempre espera que le demos la oportunidad de doblegarnos; la única manera de no hacerlo es no luchar en su terreno. Si esto se consigue, comprobaremos cómo, rápidamente, por muy marcado que tenga su carácter agresivo, su patrón de comportamiento cambiará radicalmente con nosotros y nos tratará con respeto. En realidad, lo que quieren es la atención de los demás y aprenden que, si quieren la nuestra, deberán ganársela con un trato equilibrado y respetuoso.

Para finalizar la descripción, diré que en el terreno de la intimidad practican la doble moral, condenando en los otros lo que ellos no tienen ningún remordimiento en llevar a cabo; de esta suerte piden a los hijos que respeten los límites de velocidad y las señales de tráfico, cuando ellos son los primeros en ponerse al volante sin acatar señal alguna, conduciendo de forma temeraria, incluso en presencia de sus propios hijos, a los que luego reclaman prudencia. Tampoco dudan en mantener relaciones fuera de sus parejas estables, si es que la tienen, pero serían incapaces de tolerar el mínimo desliz en su pareja. Ellos pueden gritar, siempre que quieran, dar rienda suelta a su cólera, pero no tolerarán que otros les griten. La doble vara de medir está siempre dispuesta, pues para con ellos todo vale y nada para con los demás: ellos están por encima, se siente seres especiales y, por consiguiente, con mayor derecho a la vida. Con todo, la suma de comportamientos descritos los llevan a cabo sin tener el mínimo conato de culpa al respecto, ya que jamás han aprendido a sentirse culpables por sus acciones ni a considerar que pueden causar daño moral en los demás.

Razonablemente, no voy a entrar aquí a analizar cuáles son los motivos que pueden llevar a una persona a configurarse en torno a una personalidad de tipo agresivo, ni con qué patrones de aprendizaje erróneo ha crecido para llegar al convencimiento de que es más que los demás, pero sí se puede dejar dicho que, más allá de los determinantes biológicos que puedan subyacer, un ámbito familiar donde el niño se sienta protagonista incuestionable de su entorno, en el que todo se le permita y no haya regla con la que aprenda a tener respeto por los demás, será un caldo de cultivo propicio para que determinados individuos se acaben desarrollando como personas agresivas y antisociales.

Por desgracia, este tipo de personas, lejos de quedar relegadas a un segundo plano en lo social, acaban consiguiendo cierto protagonismo y popularidad, especialmente en el ámbito laboral cuando, para ciertos puestos, generalmente de mandos intermedios, se necesita gente sin escrúpulos con la capacidad de someter a otros sin que se sientan culpables por ello.

Pero más allá de la necesidad de conocer este tipo de personas para poderse uno defender de ellas, la otra razón por la que es necesario conocer bien los patrones de funcionamiento del comportamiento agresivo es porque no hay que confundirlos, como se dijo al principio de esta sección, con el comportamiento asertivo. El comportamiento asertivo jamás pretende dominar ni someter al otro, su planteamiento es tan sencillo como no dejarse doblegar. No se puede afirmar que una persona vaya a convertirse en un tirano de la noche a la mañana por poner en práctica los principios de la comunicación asertiva; eso sería imposible. Pero no es menos cierto que si uno no alcanza a entender bien los principios de la asertividad, puede comportarse, de manera esporádica y ante situaciones concretas, de una forma poco considerada y respetuosa con los demás, volviéndonos groseros y rudos cuando, en realidad, lo único que se pretende es que nuestros derechos no se vean pisoteados. Ser asertivo implica siempre respeto al otro; si uno tiene claro este principio, jamás caerá en la descalificación ni el insulto, y podrá reclamar que se tengan en cuenta sus legítimos derechos y que no sean vulnerados sin necesidad de violentarse o de causar en los demás daño alguno.

No a la sumisión. Salir del país de los esclavos

De la misma manera que uno no ha de caer en la agresividad a la hora de reivindicar sus derechos y negarse a peticiones que no se quieran satisfacer, tampoco se debe permanecer en la claudicación constante, la deferencia incondicional hacia el otro, la posposición de nuestras necesidades a las necesidades del otro y, mucho menos, en la satisfacción de sus deseos en detrimento de los nuestros.

Si uno trata de analizar el comportamiento de las personas con tendencia a la sumisión, o, lo que es lo mismo, a la comunicación no asertiva, se podrá comprobar también que responden a un patrón de comportamiento social identificable. Lejos de mantener una actitud expansiva y desinhibida, las personas poco asertivas o muy sumisas suelen ser educadas y parcas en el primer contacto social con otra persona, no llevan jamás la iniciativa, pues esperan a que sean los otros los que se decidan a establecer prioridades y fijar directrices, jamás suelen expresar sus opiniones y sus deseos, y tratan de conformarse con satisfacer las propuestas de los otros, que jamás cuestionan ni a las que osan poner objeciones. Lo peor de este tipo de comportamiento es la ausencia de comportamiento, ya que tienden a la pasividad generalizada, escuchan en vez de hablar, asienten constantemente y parecen estar de acuerdo con todo, por lo que el trato con este tipo de personas resulta fácil y agradable.

No obstante, lejos de mantener una aquiescencia egosintónica (es decir, estar de acuerdo con todo de manera voluntaria y espontánea), en su interior puede estar cociéndose una lucha por todo lo que sienten y piensan y no se atreven a expresar. Ante los chistes racistas de alguien en la mesa, pueden aparentar estar pasándoselo bien, riéndole incluso las gracias a quien los cuenta y, a la vez, estar sufriendo interiormente por la reprobación de ese acto. Son personas incapaces de pedirle a alguien que se calle en un cine si les están molestando y que preferirán sufrir en silencio el visionado interferido de la película antes que ejercer su derecho a disfrutar de ella sin distracción innecesaria alguna; en un restaurante no protestarán si la comida se la sirven fría, mal cocinada o a destiempo, pese a que pagarán religiosamente por ella y darán las gracias; no osarán llamarle la atención a quien quiera colárseles cuando estén esperando su turno; serán incapaces de pedirle a su vecino que baje la música si con ella está impidiendo su sueño a altas horas de la madrugada; ni protestarán por los defectos que pueda tener una prenda de ropa cuando ya la hayan adquirido, y, mucho menos, solicitarán que se la cambien. Prefieren no hablar por no molestar.

Justamente, detrás de este patrón de comportamiento existen un conjunto de creencias irracionales y no sustentadas en la realidad que les hacen no darse cuenta de la importancia que tienen como seres humanos y de que se merecen el respeto de los otros incondicionalmente. Piensan, inconscientemente, claro está (si uno les pregunta directamente, no lo reconocerán de forma abierta), que las necesidades de los demás están por encima de las suyas propias, que si no satisfacen los deseos de los otros, les podrían causar daños importantes, no siendo así con los suyos, a los que nunca atienden o lo hacen de manera poco cuidadosa y con gran tolerancia a que no se los tenga en cuenta.

Desgraciadamente, como su comportamiento en el intercambio social no suele generar problemas, la gente toma poca consideración para con ellos, y permanecen siempre en un silencioso anonimato. Así se sorprende uno cuando, una de estas personas, muy esporádica y anecdóticamente, toma unas copas de más y se desinhibe y empieza a soltar por la boca grandes verdades sin tapujos, acompañadas de una buena dosis de protesta.

Lo peor de todo, para este tipo de personas sumisas y esclavas de los deseos y voluntades ajenas, no es que sus relaciones sociales estén condicionadas por falta de iniciativa y espontaneidad, sino que sus relaciones interpersonales más importantes (familia, pareja, trabajo, estudios, etcétera) también están fuertemente mermadas por esta pauta de comunicación a todas luces inadecuada. En el trabajo caen fácilmente como víctimas de la explotación laboral, haciendo normalmente más horas de las debidas, cargando con las faenas más pesadas y comprometidas o las menos deseables, y suelen estar en los peores turnos; también, en ocasiones, sufren de humillación y descrédito por la labor que realizan. Es habitual encontrar parejas en las que uno de los miembros responde al patrón agresivo y el otro al patrón sumiso; uno puede reconocerlos rápidamente, en cualquier intercambio social que se produzca por mínimo que éste sea. En las relaciones de pareja, por tanto, el sumiso tiende a ir acumulando rabia (a veces incluso odio) por el cúmulo de descalificaciones que tiene que sufrir a lo largo del día, sin ser capaz de sacar fuera de sí la gran cantidad de porquería emocional que almacena macerando en su interior: la porquería acumulada fermenta y, en ocasiones, acaba por explotar.

Este patrón de comportamiento les lleva, irrevocablemente, a satisfacer, sin que quieran, las demandas y peticiones de los otros, diciendo a todo que sí, o, mejor dicho, sin decir que no, pues acaban adoptando otras formas de expresar su insana conformidad con las demandas: «Bueno, está bien», «Si no hay más remedio», «Como usted diga», etcétera.

Tienen una percepción de sí mismos vinculada a la derrota, se sienten perdedores en obligación, no de satisfacer (porque en realidad no desean satisfacer a los otros), sino de no contrariar los deseos de los ganadores para que el mundo funcione de acuerdo con los esquemas mentales y planteamientos de los que ellos consideran «amos del mundo». Bajo esta concepción dualista del universo en amos y esclavos, sufren una vida plena de vejaciones que pueden, incluso llevadas al extremo, acabar condicionando para siempre toda su existencia. De esta suerte, se acaban diagnosticando trastornos graves de la personalidad, como por ejemplo el trastorno de personalidad por evitación (TPE) y que mucha gente conoce como *personas tímidas*, pero que en su fuero interno guardan una gran balsa de sufrimiento y temores ante los otros por su constante percepción de inferioridad; y también se diagnostican diferentes fobias sociales (miedo a hablar en público, miedo a comer o beber en público, miedo a salir de noche) y otras más devastadoras que se dan cuando el miedo se generaliza a cualquier eventualidad de la vida y sólo en casa y en compañía de personas afectivamente muy próximas se puede uno sentir seguro (como la agorafobia).

Con todo, no es necesario llegar al trastorno o la patología mental para acabar reconociendo que todos (pues no hay nadie perfecto) acabamos cometiendo, en mayor o menor medida, actos sumisos y en contra de nuestros deseos sin darnos cuenta del perjuicio que eso nos genera, no solamente a nosotros mismos, sino también a las personas con las que nos relacionamos, pues cada vez que vamos en contra de nuestros deseos y voluntades, les negamos la posibilidad de construir una relación sin telón ni abismos, basada en la honestidad y la franqueza como ejes a partir de los cuales construir el respeto necesario para que toda relación funcione.

Hay que decir ¡*basta!*, tú tienes el poder de decir *no* cada vez que no te apetezca hacer algo, o creas que no es legítimo que concedas lo que se te pida, o, simplemente, no quieras hacerlo. No sólo tienes el derecho, tienes la obligación para contigo mismo de empezar a respetarte y quererte y valorarte y reafirmarte.

Tú tienes el poder de decir *no*. Este libro te enseñará a usarlo.

Veamos, para acabar de completar este apartado, dos casos más, uno de comunicación agresiva y, finalmente, para ejemplificar la manera deseable de comunicarnos con los otros, un claro caso de asertividad.

Caso 4. Por tu culpa

La tarde que Andrea estuvo charlando con su amiga Susana tuvo, finalmente para ella, un final muy triste. Después de haberle entregado su currículum y despedirse de ella, recordó que Susana no le había dado su teléfono ni su tarjeta y que así no tendría manera de ponerse de nuevo en contacto con ella. Apenas había cruzado el paso de cebra, volvió sobre sus pasos para darle alcance. La vio parada junto a una papelera y cuando iba a llamar su atención, reparó en que estaba gesticulando como si rasgase un papel en varios trozos. Andrea guardó silencio y prefirió dejarla marchar temiendo lo peor. Cuando se acercó a la papelera, pudo comprobar que lo que había hecho pedazos no había sido otra cosa que su propio currículum y, con ello, algo más que sus esperanzas. El desasosiego que le causó le hizo estar deambulando varias horas por la ciudad reflexionando sobre su vida.

Esa misma tarde, Javier llegó a casa algo cansado por el trabajo. Desde que Andrea se instalara, hacía ya unas semanas, la relación con Gloria se había estancado, sabía que no habían avanzado nada y sus problemas se estaban enconando. La vida en casa había cambiado por completo, no se sentían con suficiente libertad para discutir, ni siquiera en el dormitorio por miedo a que Andrea los oyese, y preferían ignorarse la mayor parte del tiempo. Gloria pensaba que la culpa de la situación era de Javier, que no había sido capaz de encontrar la excusa adecuada para que Andrea no se viniera a vivir con ellos. En cualquier caso, la convivencia no era buena para ninguno de los tres. Andrea pasaba por un mal momento personal, y estaba demasiado pendiente de sus asuntos como para reparar en que su presencia en la casa estaba dificultando las cosas entre sus amigos. Gloria sentía que con ella en la casa era imposible arreglar las cosas con Javier, por lo que pensaba seriamente en volver a casa de sus padres, quizá por más tiempo. Javier, por su parte, aguantaba como podía los reproches de Gloria, nunca manifestados abiertamente, sino con gestos y caras largas, mal humor y desabrimiento.

Esa tarde, Andrea no llegaría hasta tarde y Gloria no desaprovechó la ocasión, al encontrarse a solas con Javier, y le dijo después de un rato de discusión:

—Como esto siga así, yo me vuelvo a casa de mis padres.

—¿Y qué quieres que haga?, ¿que la eche a la calle?

—Pues si te importa más ella que nuestra relación..., tú verás.

—Es que me lo dices como si tuviera yo la culpa.

—¡Pues claro que tienes la culpa! ¡Eres un calzonazos, todo el mundo te toma el pelo!

—Bueno, pues entonces tendremos que hablar con ella, creo que será lo mejor.

—No, yo no tengo nada que hablar con ella. Si quieres, habla tú. A mí no me metas en esto.

—¡Tía, tienes un morro que te lo pisas! –le gritó.

—¡Encima! ¡O sea, que la que tiene morro soy yo! ¡Vete a freír espárragos!, Javier, me tienes hasta las narices!

Gloria se fue de casa dando un portazo y Javier se sintió muy apenado. Por un lado, no quería negarle su ayuda a Andrea, y, por el otro, veía que su relación se iba al traste.

Si analizamos cómo está abordando la pareja el problema con su huésped, no será difícil concluir que no lo están haciendo de la mejor manera. Gloria pretende abusar de Javier, trata de presionarlo para que sea él el que asuma la responsabilidad de hacerle saber a Andrea la inconveniencia que está suponiendo su presencia en la casa. Javier no ha sabido defenderse adecuadamente de la presión que ejerce Gloria, le ha gritado, lo que supone una agresión, y ella ha elevado un grado más el nivel de agresividad: no sólo le ha gritado a él sino que, además, le ha faltado al respeto. Lo peor de todo es que, de esta manera, sus problemas seguirán sin resolverse y tampoco conseguirán que Andrea tome conciencia de la situación.

Caso 5. Me gustaría hablar contigo

Javier se quedó disgustado y pensativo, sabía que la situación no podía continuar así. Permaneció varias horas frente al televisor, esperando a que Gloria volviese, pero no lo haría esa noche, y sólo llamó, más tarde, para decir que se quedaría de momento en casa de sus padres.

Cuando Andrea llegó, Javier seguía frente al televisor. Ella le preguntó por Gloria y él le dijo que habían discutido y que se había marchado enojada. Javier aprovechó el momento y le dijo:

—Andrea, me gustaría hablar contigo.

Ella se sentó a su lado, creyendo que quizá necesitaba a alguien con quien desahogarse.

—Sé que éste no está siendo un buen momento para ti –prosiguió–, pero tampoco lo está siendo para nosotros y debíamos habértelo dicho. Gloria y yo llevamos varios meses teniendo problemas, no vienen de ahora, y, la verdad, se nos hace muy difícil poder resolverlos contigo aquí. Obviamente no te estoy pidiendo que te marches inmediatamente, pues si accedimos en su momento a que te instalaras, fue porque queríamos ayudarte, y queremos seguir haciéndolo. Estaría bien que encontraras otra opción antes de quince días, y que nos la comuniques cuanto antes.

—Pero es que yo no sabía que...

—No te preocupes, ya te he dicho que deberíamos haber sido más honestos contigo, no es culpa tuya. Además, no tengas duda, en la medida de lo posible, te seguiremos ayudando.

Andrea comprendió perfectamente lo que ocurría, le dio un abrazo a Javier y le dijo que no se preocupara. Dos días más tarde, la llamaron de una de las empresas en las que ya había conseguido una entrevista y la contrataron como teleoperadora en el servicio de atención al cliente de una empresa de venta por catálogo. Javier no tuvo ningún reparo en adelantarle algo de dinero para que se alquilase *una habitación en un piso compartido cerca del trabajo. Una semana después, Andrea había encaminado su vida.*

La comunicación entre Javier y Gloria fue prácticamente nula después de que ella se marchara de nuevo a casa de sus padres, y Javier no le dijo que Andrea ya había encontrado otro lugar donde vivir hasta que volvió a casa y se encontró con la noticia, pero entonces fue Javier quien le dijo que preferiría seguir estando solo durante un tiempo.

—¿Es que ya no quieres seguir conmigo?

—Así no. Tendrán que cambiar muchas cosas entre nosotros para seguir adelante con esta relación.

En el ejemplo anterior, Javier se ha comportado asertivamente, tanto con Andrea como con Gloria. Ha sabido pedirle disculpas a su amiga por no haberle informado como debía y cuando debía; ha sabido, por lo tanto, asumir sus errores con responsabilidad. Le ha pedido honestamente que sería mejor que buscara otra opción y la ha ayudado de la manera que ha creído que era mejor. La honestidad de Javier ha permitido que se comunicara abiertamente y sin complejos con Andrea, y eso ha ayudado a solucionar el problema. También ha sido honesto y asertivo con Gloria, pues ha considerado que los problemas que tienen como pareja están fundamentados en la base de una comunicación inadecuada. Seguramente, podrán valorar mejor si deciden continuar como pareja si son capaces de relacionarse con una comunicación basada en el respeto. Javier ha dicho no a muchas cosas:

- a que Andrea siguiera instalada en la casa y siguiera dificultando su relación con Gloria;
- a que continuara la falta de transparencia entre ellos;
- a que Gloria siguiera utilizándolo;
- a que Gloria continuara comportándose como una niña malcriada que no sabe asumir sus responsabilidades en la vida;
- a continuar con una relación que debería cambiar en muchos aspectos.

Por lo tanto, el poder de decir *no* no es algo exclusivo de la palabra; saber decir *no* implica saber adoptar una actitud de firmeza y expresar, desde ella, qué cosas queremos y qué cosas no queremos en nuestra vida. Saber decir *no* también quiere decir «hasta aquí hemos llegado».

Evaluación del nivel de asertividad

La primera pregunta que emerge después de haber leído los anteriores puntos es: ¿soy o no soy asertivo en mi manera de relacionarme con los otros? Ésta no es una pregunta que vaya a tener como respuesta un sí o un no, no hay una línea divisoria que separe los asertivos de los no asertivos. Uno es más o menos asertivo, lo es en un determinado grado y, como veremos más adelante, lo puede ser en unas ocasiones y no en otras, sí con un determinado tipo de gente y con otro tipo no, o para algunas cuestiones uno puede comportarse con un alto grado de asertividad y para otras mostrarse sumiso.

No son pocos los altos directivos de empresa que, hartos de tomar decisiones importantes, negociar contratos millonarios, despedir a trabajadores y colaboradores y tener que decir *no* una gran cantidad de veces al día, llegan a casa y son incapaces de alzar lo más mínimo el tono de voz. Por lo tanto, la manera correcta de abordar cuán asertivo es uno, será identificando situaciones concretas y evaluando el grado en las que se muestra más o menos una comunicación asertiva.

Por consiguiente, la asertividad se puede medir, con mayor o menor precisión, y para ello existen diferentes escalas y cuestionarios. Es importante diferenciar ambas, pues las escalas (también denominadas *tests*) se sustentan en un fuerte conocimiento teórico y técnico, se elaboran a partir de la aplicación del método científico y han de cumplir con los distintos criterios de validez y fiabilidad experimental. Por otro lado, los cuestionarios tienen una pretensión menor, y se usan como herramienta orientativa para conocer el patrón de respuesta de una persona ante una situación determinada. No tienen, por lo tanto, pretensiones de tipo científico pero sí son de gran ayuda, también para el propio interesado, a la hora de conocer y manifestar de una forma ordenada y coherente las dificultades más características que tiene ante situaciones más o menos típicas. En este sentido, se propone en la tabla 1 un cuestionario para evaluar el grado de «asertividad/no asertividad» con el que uno se suele enfrentar a diferentes situaciones interpersonales.

Sería recomendable contestarlo con calma, no pensando en el pasado y en las dificultades que uno ha tenido anteriormente, sino dando prioridad a las que tiene ahora. Cada una de las situaciones propuestas presenta una gradación de frecuencia que va desde lo que hacemos siempre, invariablemente, a lo que no hacemos jamás de la manera descrita.

Lee atentamente cada una de las cuestiones primero, antes de responder, y trata de imaginar la situación concreta, si es posible recordando un episodio reciente (no uno que haya ocurrido años atrás), para contestar de la manera más fiel posible a cómo te comportas habitualmente ante esa situación descrita. Marca con una X cuál de las opciones es la que más se ajusta a tu patrón de comportamiento. Luego, corregirás el cuestionario y podrás comprobar cuál sería tu nivel de asertividad global, según esta batería de situaciones propuestas.

Tabla 1. Cuestionario de asertividad

		Siempre	Casi siempre	A veces	Casi nunca	Nunca
1	Me cuesta aceptar un cumplido					
2	Temo señalarles sus errores a otros, aun si estoy seguro de que están equivocados					
3	Me cuesta decirle a alguien que me gusta, o que lo hemos pasado bien juntos					
4	Me resulta incómodo pedirle un aumento a mi jefe, aun si siento que lo merezco					
5	Evito ocuparme de situaciones difíciles o enfrentamientos					
6	Si alguien me grita, prefiero callarme y no contestar					
7	Siento que la gente se aprovecha de mí					

Tabla 1. Cuestionario de asertividad (*continuación*)

		Siempre	Casi siempre	A veces	Casi nunca	Nunca
8	Hablar con personas de autoridad me hace sentir nervioso o inseguro					
9	Me siento y actúo con inseguridad en mí mismo					
10	No expreso mis opiniones si otros en el grupo no están de acuerdo conmigo					
11	Me siento incómodo al halagar a alguien					
12	Me resulta difícil expresar mis sentimientos abiertamente					
13	Me siento amenazado al tratar con alguien que es asertivo					
14	En caso de no estar satisfecho con un servicio, prefiero callarme a decírselo al dueño					
15	Me siento cohibido al expresar mi desacuerdo a alguien en posición de autoridad					
16	La gente dominante me incomoda					
17	La mayoría de las personas a mi alrededor son más asertivas que yo					
18	Me siento inseguro al preguntar delante de otras personas					
19	Si mis vecinos hacen demasiado ruido, me aguanto y no les digo nada					
20	Me cuesta tener que decir *no*					
21	Cuando me cobran de más en una tienda, prefiero no decir nada					

Tabla 1. Cuestionario de asertividad (*continuación*)

		Siempre	Casi siempre	A veces	Casi nunca	Nunca
22	Evito hacer llamadas telefónicas a instituciones, agencias gubernamentales o empresas por temor a sonar tonto si no entiendo sus instrucciones					
23	Al salir con alguien, hacemos lo que esa persona sugiere, aun si yo no quiero hacer lo mismo					
24	Tiendo a conservar mercancía defectuosa en vez de devolverla a la tienda para un cambio o reembolso					
25	En vez de discutir, tiendo a asumir la responsabilidad por los errores de otros					
26	Después de una discusión, reproduzco la situación en mi memoria pensando en todas las cosas que hubiera podido decir y lamentando no haberlas dicho, o deseando haber tenido el valor de decirlas					
27	Acabo comprando a los vendedores a domicilio, porque soy incapaz de rechazar su mercancía					
28	Si un amigo me despierta por la noche con una llamada sin importancia, prefiero no decirle nada aunque me haya molestado					
29	Me resulta difícil iniciar una conversación con una persona que encuentro atractiva					
30	Si le presto algo a un amigo y olvida devolvérmelo, me incomoda recordárselo					

Ahora registra tus respuestas utilizando la tabla 2.

Tabla 2. Tabla de respuestas para el cuestionario de asertividad

Tipo de respuesta	Número de veces	Multiplica por	Resultado
Siempre		0	
Casi siempre		1	
A veces		2	
Casi nunca		3	
Nunca		4	
Total	30		120

Comprueba que el número total de veces suma 30. Suma tus puntuaciones para cada tipo de respuesta. Obtendrás un resultado entre 0 y 120.

Tabla 3. Rango de puntuación e interpretación del resultado obtenido en el cuestionario de asertividad

Puntuación	Interpretación del resultado
0-15	Patrón de comunicación totalmente sumiso. Necesidad urgente de cambiar el estilo de comunicación
15-30	Pese a que en la mayoría de ocasiones el patrón de comunicación es sumiso, existen áreas donde la persona es capaz de reivindicarse, aunque con mucho esfuerzo
30-60	Aunque existen algunas áreas en las que la comunicación es asertiva, la persona presenta un patrón sumiso de comunicación con importantes problemas
60-90	La persona tiende a la comunicación asertiva, pero hay áreas importantes de su vida en las que reacciona sumisamente. Sería recomendable identificarlas e ir modificando el comportamiento en ellas
90-105	Persona asertiva, ninguna o pocas áreas en conflicto
105-120	Patrón de comunicación muy asertivo. Podría coincidir con persona de corte agresivo

No debería preocuparte la puntuación que hayas obtenido, incluso si es muy baja, pues la preocupación no te ayudará en nada. Además, recuerda que el cuestionario es, simplemente, una manera ordenada de exponer una información básica en torno a los patrones de comunicación que uno utiliza en situaciones más o menos típicas que requieren de un cierto grado de asertividad. Esta puntuación no te etiqueta, sino que refleja relativamente el lugar en el que te encuentras. Para evaluar adecuadamente nuestra forma de comunicarnos ante momentos que requieren asertividad, habrá que realizar un trabajo más minucioso, individualizado y sistemático, para registrar, analizar y evaluar, sobre el registro obtenido, no sólo cómo nos comportamos, sino también qué está determinando ese comportamiento, qué sentimientos lo hacen emerger y qué creencias lo están manteniendo.

Componentes de la comunicación asertiva

El comportamiento humano no debería describirse únicamente por las acciones que se ejecutan o llevan a cabo; el comportamiento humano es todo lo que nos pasa, lo que sentimos, lo que pensamos, lo que creemos, lo que decimos y, por supuesto, lo que hacemos. También las intenciones, las pretensiones, los deseos, los anhelos, las ilusiones y las expectativas forman parte del comportamiento y actúan como determinante de lo que luego uno hace o deja de hacer, que, al final, es lo que los otros ven y normalmente cuenta.

Por lo tanto, la comunicación asertiva estará sujeta a las mismas leyes. Cuando alguien prefiere callarse ante un desaire, o acaba diciendo: «Sí», «Bueno», «Como quieras», «No pasa nada»..., cuando muy al contrario quiere decir: «No», TAMBIÉN SE ESTÁ COMPORTANDO, incluso si no hace nada y no contesta, o se queda quieto y ausente en su silla reflexionando por qué se tiene que tomar el café con leche frío cuando en realidad le gusta caliente. Ante la mirada ajena, cualquier persona que no haga nada puede aparentar una falta de comportamiento, pero no es cierto; por su mente pueden pasar infinidad de pensamientos y la inhibición de la conducta también es conducta.

No habría que ceñirse exclusivamente, por tanto, a lo que uno hace, sino también a lo que no hace, y muy estrictamente a lo que se piensa y siente. Por este motivo, a la hora de saber por qué alguien no se comporta con franqueza y transparencia, libremente, a la hora de expresar sus preferencias o reivindicar sus legítimos derechos, deberíamos preguntarnos cuáles son los sentimientos y las creencias que llevan a esa persona a no ser ella misma, sino a ser la que quieren los demás.

Con todo, el comportamiento debería ser evaluado, como mínimo, en estas tres dimensiones: lo que se piensa, lo que se siente, lo que se hace.

Lo que se piensa

Quizá sea la parte más difícil de evaluar, pues lo que uno piensa no necesariamente tiene que coincidir con los contenidos que son expresables a través de la palabra, simplemente diciendo: «Yo pienso esto o aquello». Muchas de las cosas que pensamos acabamos convirtiéndolas en creencias difícilmente cuestionables. De esa suerte, una persona que haya pasado por un momento de apuro en un acto público, que se haya convertido en objeto de mofa (más o menos velada) de los presentes y haya provocado algunas risas contenidas de carácter burlesco, es posible que acabe pensando (erróneamente, claro está) que ha hecho el ridículo y eso, de alguna forma, le condicione las ocasiones restantes en las que tenga que comportarse en público y tenga miedo a volver a hacer el ridículo. Si nuevamente ocurre (tener miedo a que uno se pueda equivocar aumenta las probabilidades de equivocarse), es posible que empiece a pensar, muy inconscientemente pero con firmeza, que es una persona ridícula y por eso le ocurren ese tipo de cosas. Esto podría llevar a hacerle creer que las personas ridículas son inferiores y, al final, acabar sintiéndose inferior ante los otros. Este planteamiento simplista, seguramente poco creíble (normalmente son necesarias experiencias con un componente traumático mayor, continuadas y en momentos en los que la persona se está formando, para que acaben configurando un fuerte sentimiento de inferioridad), mostraría, en cierto modo, cómo lo que uno cree acerca del mundo (y de los otros como parte del mundo) puede configurarse como el mayor determinante del comportamiento. Si acabamos pensando que los otros van a sentirse muy mal si no accedemos a sus peticiones, y fruto de nuestra biografía le damos un valor exagerado a cómo se puedan sentir los otros a causa de nuestras acciones, podremos acabar convirtiéndonos en seres sumisos y aquiescentes que jamás contravienen las expectativas, los deseos o las peticiones de otros.

Acceder a las creencias que pueden estar actuando como determinantes de comportamientos que van incluso en contra de uno mismo, no es tarea fácil. Requiere que la persona esté dispuesta a aceptar lo que emerja de su interior, y debe saber mirar dentro de sí y tomar conciencia de dichos pensamientos y creencias. Para poder llegar a este punto, es recomendable ver, primero, cómo se siente la persona, ya que, normalmente, los sentimientos y emociones son más accesibles; uno puede saber con mayor precisión cómo se siente antes que tener claro qué determina un sentimiento en particular: «Estoy triste», oímos decir, pero cuando preguntamos por qué, en muchas ocasiones se obtiene un «No sé» por respuesta.

Lo que se siente

De cómo nos sintamos a la hora de realizar cualquier acción dependerá en buena medida que logremos lo que queremos. Si nos sentimos demasiado ansiosos (estamos pendientes de muchas cosas o de una sola en concreto, si sentimos que tenemos la respiración acelerada o que se nos quiebra la voz, si nos falta el aire o nos tiembla el pulso), no seremos capaces de realizar las acciones que pretendemos o las haremos de manera imprecisa y torpe, lo que, con toda probabilidad, nos hará poner más nerviosos y nos hará sentir más inseguros.

Pese a todo, la ansiedad es una emoción muy adaptativa pues nos advierte de ciertos peligros y tiene la misión de procurar que nos pongamos a salvo. No obstante, si se produce ante situaciones que no ofrecen en realidad peligro alguno, se volverá incapacitante y nos entorpecerá la vida. La ansiedad puede ser la responsable de que muchas personas no se comporten de manera asertiva. El mero hecho de pensar que tienen que pedirle un aumento a su jefe les hace temblar de tal manera que ni se plantean que llevan mucho tiempo mereciéndolo. Hay quien, en el cine, prefiere aguantar a dos pesados en el asiento de atrás, que girarse y pedirles que se callen, no porque no crea que tiene derecho a hacerlo, sino porque sabe que se pondrá tan nervioso que luego no parará de pensar en ello y tampoco podrá prestar atención a la película.

Controlar nuestras emociones es quizá una de las tareas más complejas que hay. Normalmente, ellas nos controlan a nosotros, pues funcionan de forma automática y se manifiestan cuando creen que deben hacerlo. Las emociones no pueden prescribirse (ahora me voy a sentir así, o de la otra manera), afortunadamente, pues no hay nada más real y vívido que una emoción, pero sí pueden conducirse una vez que ocurren y hacerlas converger de manera adecuada o aprovechar su fuerza en la dirección correcta. No es de recibo tratar de evitar ponerse ansioso, pues cuando más se intente, menos éxito se tendrá, pero sí podemos trabajar conscientemente para que no nos importe tanto el ponernos ansiosos: eso hará siempre bajar nuestra ansiedad.

Como se puede comprobar, sentimientos y creencias están íntimamente relacionados, por lo que el trabajo en ambas áreas habrá de ser conjunto y simultáneo.

Lo que se hace

Al final, fruto de lo que pensamos y de cómo nos sentimos, acabamos actuando, y lo que hagamos acabará influyendo en cómo nos sintamos y en lo que creamos de nosotros mismos. Si prefiero callarme y no decirles nada a los que me molestan en el cine, seguramente no sentiré ansiedad, pero la incomodidad durante la proyección será constante y, además, me sentiré apenado por comportarme de manera tan cobarde; cuando salga, seguro que creeré que jamás aprenderé a pedir que la gente tenga algo más de respeto y pasaré buena parte de la tarde pensando que no he disfrutado de la película y que, seguramente, debía haber actuado con firmeza y decisión. Todo, al final, acaba estando relacionado y puede llegar a convertirse en un círculo vicioso: lo que se cree fija lo que uno siente, y lo que uno siente condiciona el modo en que nos comportamos; además, de nuestro comportamiento extraemos conclusiones que luego funcionan como creencias que fijan lo que uno siente...

Romper este círculo vicioso no es tarea fácil, pero no imposible. Por ese motivo, a la hora de evaluar nuestro comportamiento asertivo, no podemos quedarnos en la puntuación que nos dé un cuestionario, o incluso un test. Debemos registrar adecuadamente cada una de las situaciones tan pronto como sea posible y anotar qué hemos hecho ante ellas, si nos ha costado decidirnos a actuar o no, cómo nos sentíamos antes de actuar y cómo nos sentimos después, qué pensábamos antes y, cómo no, qué hemos pensado después. Esto es lo que se denomina *autorregistro de conducta*, una herramienta muy útil para dejar constancia de aquellos comportamientos que deseamos modificar.

El autorregistro impide que la memoria, luego, nos juegue malas pasadas y lo distorsione todo en función del tiempo transcurrido, pues todo lo moldea y nada deja en la forma en que fue. Apuntar todo lo que nos ha ocurrido y cómo nos hemos sentido dejará claro en qué momentos, con quién y bajo qué circunstancias tenemos problemas y permitirá, más tarde, comprobar de manera inequívoca las mejoras que vayamos obteniendo.

Te propongo, desde ya, que vayas apuntando todo lo relativo a tus comportamientos que exigen asertividad; podrías hacerlo siguiendo el modelo de la tabla 4.

Si se lleva un registro de esta naturaleza, será posible ver con qué frecuencia nos encontramos ante situaciones que exigen que nos comportemos de manera asertiva, veremos si estas situaciones se dan siempre con la misma persona, o en un determinado contexto. También comprobaremos nuestra competencia en otras circunstancias, a la que, por comunicarnos de manera exitosa, no damos importancia.

También podremos valorar qué es lo que está fallando, si es que no somos capaces de reaccionar pese a que nos damos cuenta de que se están aprovechando de nosotros, de qué recursos disponemos para enfrentarnos a este tipo de situaciones, y de si estamos bien informados al respecto. En el ejemplo anterior, se tiene la sensación de que nos han cobrado de más, y que se nos ha proporcionado un producto y un servicio que no habíamos solicitado. Aun así, al final, se produce una justificación: «no ha sido tanto dinero», cuando en realidad lo que se ha producido es una falta de conocimiento: NO ESTAMOS OBLIGADOS A PAGAR POR UN SERVICIO QUE NO HEMOS SOLICITADO. Si alguien nos ha prestado un servicio sin solicitarlo y, después de ello, valoramos que ha sido necesario y deseamos contribuir libremente a sufragar los costes, perfecto. Pero en cualquier caso, la decisión ha de ser nuestra y cada uno tiene el poder de decir: «No, este servicio no lo he solicitado. Si quiere, puede retirar el filtro nuevo y colocar el que había». Si nos comportamos de esta manera, seguramente el mecánico nos pondrá objeciones y nos dirá que lo ha hecho por nuestro bien, es posible que incluso se enfade. Pero eso no deberá importarnos. Si no ejercemos nuestro derecho a no pagar por lo no solicitado, la próxima ocasión no será el filtro, será otra cosa mucho más cara (sabrá que no le diremos nada). Pero si nos ponemos firmes desde el primer momento, aprenderá a respetarnos y se cuidará mucho de no hacer nada en nuestro coche sin el consentimiento previo.

Te propongo, por lo tanto, que a partir de ahora mismo cojas un papel y un bolígrafo, o un ordenador si estás acostumbrado a manejarte con él, y te hagas tu propio bloc de registro. En este tipo de registros, como en otras muchas cosas, adquirir el hábito será lo más difícil. Es posible que al principio te dé algo de pereza, pero debes confiar en la eficacia de esta herramienta que, una vez hagas tu aliada, te ayudará a salvarte de muchas indeseables peticiones.

Tabla 4. Autorregistro de conducta asertiva

Fecha	Lugar	Con quién estoy	Qué otras personas están presentes
22/06/2008	Taller mecánico	Solo	El mecánico y otro cliente esperando

Descripción de la situación		QUÉ PIENSO	QUÉ SIENTO	QUÉ HAGO	VALORACIÓN FINAL
He ido a recoger el coche al mecánico. Lo había llevado a que le hicieran el cambio de aceite. Cuando he llegado, me ha dicho que también le habían cambiado el filtro (que estaba sucio)	antes	Nada, no me lo esperaba	Cansancio, es viernes y tengo ganas de acabar la jornada	He comido en un bar cercano al trabajo	Creo que tendría que haberle dicho que no era necesario cambiar el filtro del aceite. Pero ya no podía hacer nada. La próxima vez les diré que no me hagan nada si yo no se lo pido
	durante	Que no era necesario, ya lo había cambiado en otro taller en el último cambio de aceite	Desconcierto y algo de ansiedad porque me gustaría decirle algo pero no me atrevo	Creo que le he puesto un poco de mala cara. Pero no le he dicho nada	
	después	Que se ha aprovechado, pensando que no le iba a decir nada y se ha sacado unos euros de más. He estado casi toda la tarde dándole vueltas a lo mismo. Al final de la tarde acabo pensando que, a fin de cuentas, no ha sido tanto dinero	Me da rabia que la gente se aproveche de mí y yo no haga nada por impedirlo	Le he pagado la factura y después me he ido a trabajar, pero casi no podía concentrarme porque no paraba de pensar que me había dejado estafar	

Conoce tus derechos

Hay que reconocer que la mayoría de las personas no conocen sus derechos asertivos. Otras, como ya hemos visto con los agresivos, creen que solamente ellas los tienen. Conocer exhaustivamente el conjunto de derechos que nos asisten es primordial para poder empezar a mantener una actitud asertiva ante la vida. Muchos de estos derechos tienen que ver con los demás; pero otros, y no menos importantes, tienen que ver con uno mismo. La comunicación asertiva debe empezar a gobernar el tipo de relación que mantenemos con nosotros mismos, nuestro cuerpo, nuestro tiempo y nuestros bienes o propiedades. Hemos de saber, y aceptar a la vez, que somos seres imperfectos y vulnerables, y que debemos ser condescendientes con nosotros mismos, saber perdonarnos y no flagelarnos inmerecidamente con ansiedades y culpas.

Los derechos asertivos son aquello a lo que uno tiene derecho como persona, ni más ni menos que otra, y no deberían estar en ningún momento condicionados por el sexo, raza, nivel sociocultural, poder adquisitivo, nacionalidad, edad, peso, religión, etnia o cultura a la que uno pertenezca. Los derechos asertivos, por lo tanto, tienen una pretensión universal: ser iguales y los mismos para todos. No obstante, la lista, pese a mantener un denominador común, podrá variar y ajustarse en función de diferentes parámetros, especialmente personales, pues cada uno dará mayor o menor importancia a unos determinados aspectos. Con ello, lo que se pretende decir es que el derecho a ser escuchado es igual para el pobre que para el rico, para el blanco que para el negro, para el payo que para el gitano, para el autóctono que para el inmigrante..., y así con cada uno de los derechos que nos asisten como seres humanos en nuestra relación social. Una parte de estos derechos ya vienen recogidos por la ONU (Organización de las Naciones Unidas) en la Declaración de los Derechos Humanos de 1948.

Se recogen, a continuación, algunos de los treinta artículos, los que mejor expresan y reconocen algunos de los derechos asertivos que nos asisten. Obviamente, los derechos humanos universales tienen una pretensión mayor con relación a aquellos que nos asisten en el ámbito de la relación social, pero ya dejan claro que los derechos asertivos gozan de reconocimiento internacional por una de las instituciones con mayor prestigio del mundo.

Artículo 1. Todos los seres humanos nacen libres e iguales en dignidad y derechos y, dotados como están de razón y conciencia, deben comportarse fraternalmente los unos con los otros.

Artículo 2. Toda persona tiene todos los derechos y libertades proclamados en esta Declaración, sin distinción alguna de raza, color, sexo, idioma, religión, opinión política o de cualquier otra índole, origen nacional o social, posición económica, nacimiento o cualquier otra condición.

Artículo 12. Nadie será objeto de injerencias arbitrarias en su vida privada, su familia, su domicilio o su correspondencia, ni de ataques a su honra o a su reputación.

Artículo 17. Toda persona tiene derecho a la propiedad, individual y colectivamente.

Artículo 19. Todo individuo tiene derecho a la libertad de opinión y de expresión; este derecho incluye el de no ser molestado a causa de sus opiniones [...].

Artículo 24. Toda persona tiene derecho al descanso, al disfrute del tiempo libre [...].

En la tabla 5 se recogen una lista de derechos asertivos, a los que nadie debería renunciar. Esta lista de derechos podría dividirse en función de si el derecho en cuestión depende básicamente de la expresión de uno mismo ante los otros, o implica un cierto grado de oposición a los demás para que el derecho no se vea vulnerado. Los derechos que tienen que ver con la expresión de uno mismo son aquellos que garantizarían que uno pueda manifestarse tal y como es, expresando sus ideas, creencias, pensamientos, sentimientos y emociones, siempre de manera libre y espontánea, con el garantizado respeto y sin miedo a represalias por ello de ninguna índole, ya sean manifiestas o veladas (como la desconsideración, la risa, la burla o cualquier otra forma de humillación). Estos derechos satisfarán las necesidades de reconocimiento que todo ser humano presenta cuando vive en sociedad. Ser reconocidos y considerados por los otros es una necesidad social básica. Por otro lado, estarían los derechos relacionados directamente con los otros y su intromisión e influencia para que uno se pueda ver privado de ellos. Estos derechos, para que nos asistan, requieren siempre una oposición a los demás, un determinado grado de enfrentamiento para el que uno no siempre está preparado. Existiría un tercer tipo de derechos que, al ser algo más complejos, requerirían tanto la expresión de uno mismo como un cierto grado de oposición a los otros, implicando, por tanto, ambas capacidades de la persona.

Después de haber visto que los derechos asertivos tienen una fuerte base en la Declaración de los Derechos Humanos de la ONU de 1948 y que satisfacen determinadas necesidades sociales, es necesario añadir, antes de evaluarlos, que habrá una serie de actitudes y emociones que facilitarán que el derecho en cuestión nos asista y no sea vulnerado, y otras, más negativas y poco propiciadoras, que harán que nos veamos privados de ellos, con la consiguiente frustración y desánimo que toda violación de un derecho conlleva. Básicamente, las emociones que facilitarían el ejercicio de nuestros derechos serían: la serenidad, la seguridad y la confianza; al contrario, las emociones que dificultarán la realización de los derechos asertivos serán la inseguridad, la ansiedad, el temor y el recelo. En cuanto a las actitudes, la espontaneidad, la independencia, la firmeza, la intransigencia, la exigencia e incluso el egoísmo serán, entre otras, las que permitirán el pleno desarrollo de nuestros derechos y se opondrán a otras actitudes perniciosas para estos, como son: el derrotismo, la indecisión, la tolerancia, el aguante, la conformidad, la aquiescencia, el asentimiento, el servilismo, etcétera.

Tabla 5. Derechos asertivos. Emociones y actitudes asociadas

Uno tiene derecho a:		actitudes y emociones que facilitan el cumplimiento del derecho	actitudes y emociones que dificultan el cumplimiento del derecho
Como expresión de uno mismo	Expresar los propios sentimientos y opiniones	Espontaneidad y confianza en uno mismo	Premeditación y temor a la reacción de los otros
	Juzgar sus propias necesidades, estableciendo prioridades	Egoísmo (entendido en el buen sentido: atender el propio interés antes que el de los otros)	Altruismo. Miedo a la decepción en los otros
	Decidir no ser asertivo	Independencia y autonomía de criterio	Exigencia con uno mismo
	Tener éxito	Espíritu de superación	Derrotismo y desmotivación
	Gozar y disfrutar	Hedonismo, búsqueda del placer	Resignación. Conformidad
	Decidir qué hacer con su cuerpo, tiempo y bienes	Sentido de la propiedad, proteccionismo hacia lo propio	Generosidad excesiva. Tendencia a complacer a los otros
	Decir no	Firmeza. Intransigencia	Duda. Culpa
	Al descanso, aislamiento, siendo asertivo	Recogimiento. Capacidad para poner límites	Disponibilidad. Accesibilidad. Tolerancia al intrusismo. Aguante

Tabla 5. Derechos asertivos. Emociones y actitudes asociadas (*continuación*)

Uno tiene derecho a:		Actitudes y emociones que facilitan el cumplimiento del derecho	actitudes y emociones que dificultan el cumplimiento del derecho
Por oposición a los otros Por oposición a los otros	Obtener aquello por lo que se pagó	Reivindicativa	Conformidad. Aquiescencia (estar de acuerdo con todo por defecto)
	Pedir información y ser informado		
	Ser escuchado y tomado en serio	Exigencia. Interpelación	Tolerancia a ser ignorado. Falta de consideración propia
	Pedir lo que se quiere	Confianza en los otros. Negociadora	Temor al rechazo
	Ser tratado con respeto y dignidad	Firmeza. Exigencia	Falta de autoestima. Ansiedad
	Superarse, aun superando a los demás	Competitiva. Beligerante. Confianza en el logro de uno mismo	Conformidad, desmotivación, derrotismo
	Tomar sus propias decisiones	Independencia de criterio. Capacidad de poner límites	Servilismo. Tolerancia al intrusismo
Como expresión de uno mismo y por oposición a los demás	Equivocarse	Condescendencia con uno mismo. Responsabilidad	Implacabilidad con uno mismo. Intransigencia con uno mismo
	Cambiar	Rectificadora. Flexibilidad	Rigidez mental y de criterio

Es posible que uno, como lector, se sorprenda por haber encontrado palabras como *egoísmo* e *intransigencia* (que normalmente tienen una connotación peyorativa) entendidas como actitudes que favorecen que nuestros derechos no sean violados. La explicación vendría dada por la asociación entre estos conceptos y las actitudes poco sociables en las que los demás son excluidos o perjudicados por nuestras acciones. Pero el egoísmo bien entendido, aquel que antepone las propias necesidades sin mermar la satisfacción de las necesidades de los otros o, como mínimo, que permite que nuestras necesidades no queden por satisfacer, será un egoísmo constructivo y que aumentará nuestra autoestima al favorecer que nadie se aproveche de nosotros. En ese mismo sentido hay que entender la intransigencia, no como una actitud obtusa que impida la fluidez de la relación social, sino como una especie de firmeza, llevada al extremo, cuando los demás son demasiado pertinaces y no quieren aceptar una negativa por respuesta. Deberemos desprendernos, por tanto, de ciertos prejuicios que no favorecen el desarrollo personal. «No seas egoísta», hemos oído tantas y tantas veces, acusándonos de algo que, en realidad, es bastante saludable. Si para no ser egoísta se entiende tener que satisfacer incondicionalmente el deseo de los otros, o compartir aquello que no deseamos compartir, anteponer las necesidades de los demás a las nuestras, dejar las riendas de nuestra vida en manos de los otros, permitir que se nos presione a la hora de tomar nuestras decisiones o estar siempre disponibles, prefiero decir, alto y claro: «Sí, soy egoísta, no hay nada de malo en ello».

Con todo, es importante tomar conciencia de lo expuesto, especialmente de los derechos que nos asisten y que estamos en disposición de ejercer libremente, aunque no siempre lo hagamos en ausencia de culpa. Este punto bien se merece una reflexión aparte.

Libérate de la culpa

Culpa: 'acción u omisión que provoca un sentimiento de responsabilidad por un daño causado'. Ésta es una de las definiciones de la Real Academia Española de *culpa*, en su acepción psicológica, y que más se acerca al concepto de «culpa» que debe ser analizado con relación a lo que nos concierne. La culpa es un sentimiento que provendría de algo que hemos hecho (acción), o, en su defecto, que hemos dejado de hacer (omisión) que ha causado o ha podido causar daño. Como sentimiento afecta, y mucho, al estado de ánimo de las personas, haciendo, en casos extremos, que éstas puedan sumirse en una depresión. La culpa puede ser el sentimiento más intenso y aniquilador de la persona cuando uno no es capaz de manejarse bien con ella, y puede acarrear consecuencias fatales en quien la sufre. Pero sin llegar a casos extremos, todo el mundo puede llegar a sentirse culpable injustamente, víctimas de la manipulación de los otros y de sus palabras mal intencionadas cuando uno se niega a mostrarse servil o complaciente y decide, con pleno derecho, decir *no* a sus peticiones.

Por ello será importante, primero, que conozcamos nuestros derechos; por lo que no estaría de más que uno los leyese de vez en cuando, los copiase en un papel o hiciera un póster con ellos y lo colgara en un lugar bien visible. La manera de interiorizar los derechos que nos asisten empieza por conocerlos, repetirlos, aprenderlos hasta hacerlos nuestros, hasta que no haya duda de que TENEMOS DERECHO y PODEMOS EJERCER NUESTRO DERECHO A DECIR *NO* sin sentirnos culpables por ello.

En muchas ocasiones, el sentimiento que nos queda después de cualquier enfrentamiento puede hacernos rectificar. Si nos sentimos mal por habernos negado a algo, será fácil que nos sintamos bien rectificando y complaciendo a quien nos pide. Mucha gente se aprovecha de eso para hacernos sentir culpables, esperando así que cambiemos de opinión. Justamente en ese punto es cuando uno debe hacer uso de la firmeza, si creemos que no debemos conceder nuestros favores ante algo, que nos hagan sentir culpables no debería cambiarlo. No deberíamos dar pie a que nadie juegue con nuestros sentimientos. Hemos podido comprobar cómo, incluso, algunos reclamos publicitarios tratan de hacernos sentir culpabilidad ante situaciones de las que no tenemos en ninguna medida responsabilidad alguna. ¿Acaso uno puede llegar a creer que tiene responsabilidad por el hambre en el mundo? La respuesta es que no, claramente no. Nadie, absolutamente nadie, de manera individual y directa es responsable de la hambruna en África, por ejemplo. Nadie, claro está, a excepción de aquellos que manejan presupuestos y destinan fondos, ya que en muchas ocasiones no se hace de la manera correcta o adecuada. Sin embargo, sin tener esa responsabilidad, hemos sido víctimas de cortes publicitarios en los que se ha insertado un reclamo para conseguir fondos a favor de alguna organización no gubernamental: se nos muestra un niño enfermo y desnutrido bebiendo agua sucia mientras nosotros nos tomamos un buen cocido en nuestro confortable hogar. Es fácil que ahí se remueva la conciencia y emerja la culpa y, así, acabemos haciendo un donativo, no porque creamos que lo debemos hacer, sino porque la culpa nos corroe, y no hay nada que alivie más que dejar de sentirse culpable. Si uno está llevando a cabo una buena acción, no es necesario hacer sentir culpable a los telespectadores para movilizarlos. Uno debería ser consciente de ello, y saber responder en función de sus creencias y no como consecuencia de culpabilidades inducidas.

Casos similares se dan entre amigos, familiares, cónyuges, jefes... Seguramente todos, en algún momento determinado, nos hemos dejado manipular asumiendo responsabilidades por cosas en las que no teníamos ninguna. Para muestra, veamos un ejemplo.

Caso 6. Las colonias de Daniel

Javier lleva varios meses de vida en solitario, la relación con Gloria se ha roto, en principio, de manera definitiva. Se ha dado cuenta de que la relación estaba demasiado viciada y de que la ruptura temporal ha acabado consolidándose. Siente que ha recobrado un equilibrio personal que creía perdido, aunque, obviamente, echa en falta muchas cosas buenas que toda relación afectiva tiene. Una de las consecuencias, al margen de las emociones, que ha tenido sobre su vida ha sido en la parte económica. Gloria era copropietaria del piso donde vivían, y prefirió que fuese Javier quien se quedara con el piso. Para ello Javier ha tenido que realizar un importante esfuerzo, ya que ahora carga él con todo el gasto de la hipoteca, además de la cuota extra por el dinero que ha tenido que pedir al banco y poder así darle la parte correspondiente a Gloria. Se alegra, no obstante, de que el acuerdo haya sido amistoso, pero su poder adquisitivo se ha visto mermado por el endeudamiento, pese a que tiene un buen trabajo y un buen sueldo. Sabe, no obstante, que saldrá adelante sin problemas, aunque tenga que quitarse de algunos caprichos.

De todo ello no ha dado muchos detalles, ni a sus padres siquiera; prefiere ser reservado en sus asuntos. Desde ayer se siente muy disgustado, ya que recibió la visita de su hermana y tuvieron un pequeño roce.

Se podría decir sin temor a equivocarse que su hermana Clara es muy diferente de Javier. Tiene un niño de ocho años, no trabaja de manera regular, suele llevar una vida algo desordenada y vive de la pensión que su ex marido le pasa, también de alguna ayuda social y de esporádicos servicios de limpieza que realiza cuando no tiene más remedio. Javier no aprueba esta situación, aunque no se mete en su vida ni trata de cambiarla, pese a que en alguna ocasión le ha dicho que, por el bien de Daniel, su sobrino, debería modificarla. Ella suele hacer oídos sordos a estos comentarios, ya que siempre le habla de nuevas expectativas laborales y de mejoras en su vida que nunca se producen. Normalmente, Javier es bastante complaciente con su sobrino, porque el niño goza de pocos caprichos y a él le hace feliz darle alegrías. Clara, como digo, *llegó ayer por la tarde a visitar a su hermano, esperando que él la ayudara a pagar el viaje de colonias de Daniel. Pero Javier no está atravesando un buen momento de liquidez, así que no tuvo más remedio que negarse. Su hermana, que conoce bien a Javier, no entró en discusión alguna. Al marcharse, se limitó a decirle: «¡Qué lástima, con la ilusión que le hacía! Ya le había prometido que este año sí que iría de colonias con sus amigos».*

Javier fue asertivo en su respuesta, le dijo que no podía ayudarla esta vez y se mantuvo firme... Hasta esta mañana, pues no ha podido dejar de pensar en Daniel desde que se ha levantado, sintiéndose culpable por no ayudar a que su sobrino pueda ir de colonias sabiendo la ilusión que le hace, y ha llamado a Clara para decirle que había cambiado de idea y que Daniel iría con sus amigos.

Como se ha podido comprobar, Javier, que es una persona con sentido común y que, poco a poco, ha ido aprendiendo a comportarse de manera asertiva, ha sabido manejar bien la relación interpersonal con su hermana y le ha expuesto con firmeza que no iba a ser posible ayudarla con los gastos del viaje de Daniel, no por esta vez. Ella ha debido de notar la firmeza de Javier, a quien bien conoce, y no ha entablado confrontación alguna, pues sabe que Javier no cedería ante argumentos que no podría darle ni excusas ya gastadas en otras circunstancias. Sabía que lo único que podía hacerle cambiar de opinión era hacerlo sentir culpable, es decir, atribuirle la responsabilidad última de que su sobrino no fuera de vacaciones con sus amigos por su negativa.

Javier debería haber respondido en el momento, justo cuando ella le dijo que era una lástima que no pudiera contentarlo, pues le hacía mucha ilusión. Él debía haberle dicho que, en realidad, lo que era una lástima es que el niño no tuviera una madre más comprometida con su educación, que no se esforzase algo más por dar a Daniel un mayor equilibrio familiar que les permitiese algunos caprichos, que estando todo el día en casa viendo telenovelas no iba a conseguir nada de eso y que, fruto de la comodidad en la que se había instalado, era incapaz de contentar a su hijo en lo más mínimo si no era gracias a su mendicidad. Javier debía haberle hecho saber que no era justo que tratase de hacerlo sentir culpable y manipularlo haciendo ver que, por su culpa, Daniel no iría de vacaciones. «Yo no tengo esa responsabilidad, y te estás comportando injustamente conmigo», debió haberle dicho claramente. Estas duras palabras habrían enfurecido o herido probablemente a Clara, pero también le habrían hecho reflexionar sobre su situación. En cualquier caso, habrían conseguido que Clara no siga creyendo que podrá abusar de Javier en el futuro, cuando Daniel haga la primera comunión, o quiera un nuevo juego para su consola, o quiera apuntarlo a alguna actividad extraescolar. Javier no hizo lo que debía, pues, pese a que se mantuvo firme en su decisión, no supo combatir adecuadamente la manipulación a la que había estado sometido y la culpa, invariablemente, creció en su interior hasta que, a la mañana siguiente, ya no pudo más con ella y acabó cediendo. En estos momentos, Clara ya sabe qué tiene que hacer cada vez que quiera conseguir algo de Javier; hacerlo sentir culpable es su punto débil.

Por ese motivo es importante, no solamente saber decir *no* ante la petición, ante la demanda, sino hacerlo sin culpa y sin remordimiento, sin malestar: uno no es responsable de que los demás tengan necesidades, no nos hemos de sentir en la obligación de satisfacerlas, y mucho menos hemos de sentirnos culpables por no hacerlo.

Si creemos que nos manipulan, hay que hacerlo saber y decir: «No, y menos aún así, tratando de hacerme sentir culpable».

Es importante hacerle saber a la otra parte que no se nos puede engañar, y que no vamos a permitir que se juegue con nuestros sentimientos: «No trates de manipularme, no voy a sentirme culpable, es injusto que lo hagas y creo que no te mereces, por ello, que te ayude».

¡Si alguien te manipula, no se merece tu ayuda!

APRENDIZAJE DE ALGUNOS TRUCOS. TÉCNICAS ASERTIVAS PARA CASOS CONCRETOS

Convertirse en una persona que se desenvuelva con asertividad no es tarea fácil ni que pueda aprenderse en un solo día. Va a requerir tiempo, esfuerzo y, lo que es más importante, compromiso. Tu compromiso va a ser crucial para que vayas adquiriendo los recursos necesarios que harán de ti una persona más equilibrada y justa con los demás, también contigo mismo. Para crecer y mejorar las habilidades comunicativas no va a haber recetas mágicas ni pócimas milagrosas; como digo, lo que tendrá que haber es un trabajo importante para comprender los conceptos que rigen la comunicación asertiva, así como una identificación clara de las dificultades que uno tiene a la hora de enfrentarse a los demás, a sus peticiones y deseos, también a sus abusos. No obstante, antes de ese trabajo de mayor compromiso y también de resultados más sólidos y duraderos, voy a mostrar algunas técnicas que nos pueden dar resultado ante ciertas circunstancias, para salir airosos de ellas, pese a que aún no hayamos consolidado los principios reguladores de la comunicación asertiva. Son técnicas para las que enseguida vamos a anticipar su utilidad, y que deberemos poner en práctica en cuanto podamos, quizá dentro de un rato si te encuentras en una circunstancia que así lo requiera.

Normalmente, las situaciones donde van a ser necesarias estas técnicas, estarán caracterizadas por una fuerte insistencia por parte de la persona con la que nos comunicamos, a la hora de pedirnos algo, porque nos está acusando de algo, porque quiere cambiar nuestro comportamiento, porque nos está criticando y queremos contrarrestar las críticas, o, simplemente, porque se ha desatado una discusión y queremos salir airosos de ella. En cualquier caso, estas técnicas están pensadas para el enfrentamiento y, como tales, deben usarse cuando veamos amenazados nuestros derechos. Estas técnicas en su conjunto tienen como denominador común, básicamente, no entrar en un conflicto guiado por las condiciones de nuestro contrincante. No es cuestión de gritar si el otro grita, ni de conferir amenaza al tono de voz si el otro nos desafía, tampoco de elevar el grado de tensión si el otro se encoleriza. Las técnicas tienen como fundamento:

- defender nuestros derechos con templanza;
- no incrementar el grado de crispación;
- no ceder ante acusaciones o peticiones.

El disco rayado

Como técnica para recuperar el turno de habla

Ésta es una técnica muy utilizada en el debate televisivo, y que nosotros deberemos también utilizar ante circunstancias de corte similar. La técnica consiste, simple y llanamente, en repetir una palabra o una frase, de manera insistente, en un tono calmado, sin levantar la voz, pero con firmeza y lo más amablemente que se pueda dentro de la discusión. En ocasiones será necesario utilizar la técnica del disco rayado cuando no se nos respete el turno de habla. Es muy habitual que, en una discusión con alguien, esta persona no nos deje argumentar, principalmente porque no querrá enfrentarse a nuestros argumentos. Para ello nos interrumpirá cada vez que queramos expresarnos y nos cortará a la mitad de la frase. Una de las maneras más eficaces para conseguir que nos escuche y respete su turno de habla será repetir, una y otra vez, una frase en cuestión. La frase no tiene por qué ser un argumento en sí mismo, sino simplemente algo que le haga entender a la otra persona que debe dejarnos hablar para poder seguir avanzando en la discusión. Por ejemplo, si en una discusión con un compañero de trabajo, que nos está acusando de no haber realizado bien nuestro trabajo, queremos expresarle que no estamos de acuerdo con ello, y a la hora de empezar a expresarnos decimos: «No estoy de acuerdo con...», y antes de proseguir la otra persona nos interrumpe: «Porque, además, tú siempre tienes privilegios...», no debemos, en ningún momento, escucharla; si lo hacemos, el otro se estará apuntando un tanto. Es nuestro turno de habla y quien tiene que escuchar en este momento es el otro, por lo que no le escucharemos en ningún momento hasta que nos deje expresar. ¿Cómo hacerlo? Con la técnica del disco rayado: le diremos, una y otra vez, sin escuchar lo que nos diga, una y otra vez, pausadamente pero con claridad: «No estoy de acuerdo con...», y esperamos a ver si nos escucha; en caso contrario, repetimos: «No estoy de acuerdo con...», «No estoy de acuerdo con...», y así, sucesivamente, repetiremos lo mismo una y otra vez, hasta que nos deje expresarnos.

Como técnica para contrarrestar un argumento

En ocasiones, no será el turno de habla el que no se nos respete; aun así, deberemos utilizar la técnica igualmente. En este caso será cuando alguien quiera hacernos modificar nuestros argumentos y no dé por bueno lo que le estamos diciendo. Puede ocurrir cuando se nos pida que nos justifiquemos por algo y no se quieran aceptar las explicaciones que damos, o cuando se nos proponga algo y prefiramos tomar opciones distintas o en cualquier circunstancia en la que lo dicho no sea tomado en cuenta. Podría usarse como ejemplo el caso anterior, en el que un compañero de trabajo nos acusa de no hacer bien nuestra tarea; en concreto, nos está acusando de no haber comprado un material que él necesitaba, cuando, en realidad, debía habernos informado previamente de que lo iba a necesitar. Si, después de haberle dicho que no teníamos conocimiento de que había que comprar el material, él sigue responsabilizándonos de las consecuencias, diciendo: «Sí, pero sin el material, ¿cómo voy a terminar yo esto?», le contestaríamos: «Me tendrías que haber informado de que había que comprar más cable»; y si vuelve a insistir: «Ya, pero esto tiene que estar acabado hoy y no tengo el material», contestaríamos de nuevo: «Tienes razón, pero me tendrías que haber dicho que había que comprarlo», y así sucesivamente. La cuestión es que nos mantengamos firmes en el argumento, tratando en todo momento de hacerlo fuerte, no con gritos ni descalificaciones, todo lo contrario, incluso dándole la razón a nuestro compañero (pues como no hay material disponible, no podrá terminar el trabajo), pero sin dejar de repetir lo que en realidad pensamos y creemos que es justo: él nos lo tendría que haber dicho. El repetir una y otra vez el argumento llevará al otro a desistir en su intención de hacernos cargar con la responsabilidad, ya que, si no es nuestra, no debemos asumirla. Lo repetiremos una y otra vez, hasta diez y veinte veces si es necesario, pero siempre con calma y firmeza. En nuestra actitud radicará la fuerza para que el otro acabe, no sólo aceptando el argumento que le damos, sino también respetándonos.

El banco de niebla

Esta técnica tiene como objetivo no ceder en cuanto a la posición que uno mantiene pero dándole, a la vez, la razón a la otra persona. Es una técnica que, por tanto, juega al despiste, haciendo que la otra persona se sienta desorientada, sin saber cómo hacernos cambiar, ya que le estamos dando la razón. Veamos un ejemplo con un nuevo caso.

Caso 7. ¿Dónde está mi chaqueta?

Es domingo por la tarde y Matilda (que por fin ha recuperado sus partidas de mus sin mayores inconveniencias) y Jacinto, su marido, están a punto de irse al baile. Han quedado con una pareja de amigos para ir la fiesta de carnaval que se va a celebrar en el hogar del jubilado. No van disfrazados; allí les darán máscaras y antifaces al que los quiera. Jacinto se suele poner nervioso ante los acontecimientos especiales, por lo que está algo excitado. Su mujer lo espera en el rellano de la escalera, con la puerta abierta. Jacinto está tardando y perderán el autobús si no se da prisa. Él sale algo despavorido y le pregunta, voz en grito, que dónde está su chaqueta. Ella, con el gesto torcido, le dice que colgada en el armario; Jacinto se vuelve renegando por ello y vuelve, a los pocos segundos con la chaqueta puesta.

—Vamos, Jacinto, que se nos va a hacer tarde –le dice Matilda.

—Ya voy, ya voy, que con esto de cambiarme las cosas de sitio, me has hecho perder mucho tiempo –le dice él algo enfurruñado.

Bajan y van corriendo hasta la parada, pero al llegar ven cómo el autobús se les ha escapado en las narices. Jacinto tolera muy mal llegar tarde a sus citas.

—Si ya te lo decía yo. No sé por qué me tienes que esconder las cosas.

—Yo no te escondo las cosas. He guardado la chaqueta en el armario.

—Pero si te pasas el día ordenándolo todo, poniendo cada cosa en su sitio y luego no hay quien encuentre nada.

—Pues quizá tengas razón, pero sólo tenías que preguntarme. Además, si tú mismo la guardases, no andarías luego buscándolo todo como un poseso.

—¿Sí?, pues mira, ahora por tu culpa tendremos que esperar media hora más aquí como dos pasmarotes. Si no fuera por tus manías, no habríamos perdido el autobús.

—Seguramente no.

—Que por andar escondiéndolo todo, después no encuentro nada; no sé dónde he dejado las gafas, mis medicinas aparecen y desaparecen, no encuentro el paquete de tabaco.

—Ya te digo que tienes razón. Guardo siempre las cosas porque no me gusta que esté todo por medio. Es mejor acostumbrarse a ponerlo todo en su sitio.

—Pues estoy harto de estar siempre volviéndome loco para encontrarlo todo.

—Claro, a nadie le gusta estar sin encontrar lo que busca.

—He buscado la chaqueta en cincuenta mil sitios. ¡Por favor! ¿No puedes dejar mis cosas donde yo las deje? Que siempre es lo mismo y, al final, acabamos llegando tarde.

—Pues sí, siempre es lo mismo.

Como se puede comprobar en el caso 7, Matilda en ningún momento le quita la razón a su marido: se ha ofuscado mucho por no encontrar su chaqueta, lo que le ha hecho perder tiempo, y al final han perdido el autobús. Matilda no lo niega, le da la razón en cuanto a sus apreciaciones, pero no en el trasfondo de los argumentos, pues Jacinto deberá aprender que si deja sus cosas en cualquier sitio, es probable que luego no las encuentre.

Aplazamiento

Tal como el término indica, el aplazamiento es una técnica muy útil para momentos difíciles, aunque no acaba de resolver el problema que pueda haber generado la confrontación. La técnica es tan sencilla como proponer dejar para otro momento la discusión. Los motivos que pueden llevarnos a considerar que esta técnica es la idónea para un momento dado, pueden estar relacionados con uno mismo: en ese momento no nos sentimos con fuerzas para discutir, o nos sentimos demasiado ansiosos, podemos estar pensando que vamos a terminar encolerizados y la discusión puede pasar a mayores, etcétera, pero también pueden tener que ver con nuestro interlocutor: quizá lo vemos demasiado alterado para mantener una discusión con él, podemos estar esperando a confirmar determinada información que consideramos relevante para argumentar, o, simplemente, en ese momento no podemos enredarnos en un enfrentamiento. Por ello, y para todas estas situaciones y otras que se puedan dar en las que el enfrentamiento pudiera ser peor que la postergación, es recomendable proponer un aplazamiento de la discusión. Eso sí, en ningún momento debe parecer una retirada o una rendición: no estamos eludiendo la posibilidad de discutir y resolver el problema que se haya generado; lo que se está proponiendo es dejar para más tarde lo que en ese momento no se puede o es mejor no resolver. El tipo de respuesta debería ser: «Mira, prefiero que dejemos esta discusión para luego; ahora estamos los dos muy alterados», o: «Sería mejor que discutiéramos esto después del trabajo; ahora tengo muchas cosas que atender», o: «Si te parece bien, podemos reunirnos dentro de una hora en mi despacho y acabamos de resolver este asunto», o como le podría haber dicho Matilda a su marido: «Mira, ahora ya no podemos resolver nada. Vamos a esperar el siguiente autobús y a disfrutar de la fiesta. Cuando lleguemos a casa, ya hablaremos del asunto». Este tipo de respuesta es muy eficaz cuando en verdad hay algo que resolver y llegar a un acuerdo es crucial para evitar nuevos enfrentamientos. Para ello, siempre es mejor buscar momentos en los que no haya exaltación y los ánimos estén calmados, por lo que no habrá mejor respuesta que la del aplazamiento.

Es de suponer que una persona que se ha sentido perjudicada por una acción, tendrá la necesidad y la urgencia de querer resarcirse por ello y decline el ofrecimiento de aplazar temporalmente la discusión. El otro no tiene por qué entender que el aplazamiento sea la mejor opción; de hecho, lo rechazará con toda probabilidad. Si eso ocurre, lo mejor es utilizar la técnica del disco rayado con el argumento de dejar el enfrentamiento para más tarde, repitiendo una y otra vez que lo mejor es no discutir en ese momento.

Aparte de conseguir unos ánimos más atemperados a la hora de la discusión, habremos ganado tiempo (también nuestro interlocutor) para analizar la situación que nos ha llevado al enfrentamiento, para estudiar qué argumentos queremos exponer, así como las posibles soluciones que se nos ocurran. Siempre, cuanta mayor sea la información y más calmados estén los ánimos, mejores resultados obtendremos de cualquier discusión que se tercie. Si va a ser mejor, ¡no dudes en dejarlo para más tarde!

Ignorar

Ésta es la estrategia que debemos utilizar cuando no hay nada que sacar de la discusión, ni es necesario llegar a acuerdo alguno, ni nada hay que negociar. No es el caso de Jacinto y Matilda, que tendrán que ponerse de acuerdo en cómo organizan el desorden en casa y si hay, o no, que guardar en el armario la ropa que no se esté usando. Hay muchas situaciones en las que es necesario llegar a acuerdos, pero si no es así, lo mejor será no ahondar en la discusión: hay personas muy obtusas, especialmente los que presentan un patrón agresivo de comunicación, pues no desaprovecharán la ocasión de enredarnos en discusiones absurdas y porfías innecesarias únicamente por el hecho de dar satisfacción a sus necesidades de contienda.

Obviamente, la técnica no consiste en ignorar a la otra persona y no responder a nada de lo que diga, no es que debamos dejar al otro hablando con las paredes. Lo que debemos hacer es, como se diría en el argot, «pasar del tema»; sería entonces cuando deberíamos decir: «Mira, prefiero no discutir de esto». No estamos ignorando a la persona –algo que podría encolerizarla, ya que todo el mundo tiene derecho a ser escuchado (recuerda, es uno de los derechos asertivos)–, sino que estamos ignorando el tema de discusión, pues no estamos obligados a discutir de algo con alguien si no queremos hacerlo. Si la persona insiste, habrá que mantenerse firmes, repitiendo una y otra vez que no vamos a discutir por más argumentos que nos dé. Podría ser muy hábil por nuestra parte introducir en ese momento otro tema de conversación, algo que no necesariamente nos lleve a discusión, aunque con cierto tipo de personas será bastante difícil, pues no desaprovechará el agresivo la oportunidad de volver a enredarnos por muy distinto que sea el tema. Si es así, lo mejor será ignorar de nuevo y, quizá, buscar otro interlocutor menos beligerante.

Reconocimiento condicionado

La técnica del reconocimiento condicionado será muy útil cuando, verdaderamente, hayamos metido la pata. Es decir, si hemos cometido una acción que ha generado un perjuicio a otra persona, estará en su pleno derecho de reclamarnos por ello, hacernos saber que nuestro comportamiento ha sido negligente o equivocado y tratará de que aceptemos el error y le reparemos por ello. Hasta aquí no aparecería ningún problema. Sin embargo, hay personas que creen que tienen el derecho a levantarnos la voz, hablarnos en un tono despreciativo o humillante, faltarnos al respeto o, simplemente, autoritario, por haber cometido un error. Y no es así. Uno tiene la obligación de asumir sus errores con responsabilidad, es decir, reconociéndolos y asumiendo al mismo tiempo las acciones reparadoras que sean necesarias y posibles, pero no vamos a permitir que se nos falte al respeto o que se nos pretenda humillar por ello: aceptaremos el error si creemos que hemos causado un daño a la otra persona y pediremos perdón, pero no toleraremos que se nos falte. Para ello, si alguien nos está acusando de algo, aceptaremos y reconoceremos nuestro error si nuestra conducta ha sido negligente, pero condicionando este reconocimiento a un trato de respeto y con una actitud que favorezca la reparación. Este último punto es muy importante, ya que si hemos cometido un daño, lo normal es que se nos permita repararlo. Aun así, hay personas que no facilitan la reparación del daño y prefieren castigarnos haciéndonos sentir culpables (en la medida que no permiten la reparación, ya que prefieren nuestro sufrimiento como compensación, no hay posibilidad de solucionar el problema). Jamás nos sentiremos culpables por algo que hemos hecho si no se nos permite reparar el daño causado. Esto lo podemos apreciar en multitud de casos que, más allá de la relación social, afectan a otras áreas de nuestra vida reguladas por las leyes. En toda condena por parte de un tribunal hay, por un lado, reconocimiento de las acciones (u omisiones) que han causado daño y, por lo tanto, de culpabilidad, cuantificación de los daños causados, la sanción correspondiente y, por supuesto, procedimiento de restauración. Supongamos el ejemplo anterior en el que se nos reclamaba no haber comprado un material necesario para finalizar un trabajo. Si se nos había advertido de ello y no hemos cumplido, hemos cometido un error importante que a la empresa le puede costar dinero, un cliente, o afectar a su imagen en cuanto a eficacia. Lo normal es que se nos indique, se nos reclame por ello (incluso la persona podría mostrarse enfadada) y se nos exija que hagamos lo posible por solucionar el problema; si es procedente, se nos podría sancionar incluso (la empresa podría relevarnos de ciertas responsabilidades si no sabemos cumplir con ellas), pero jamás hemos de tolerar que se nos falte al respeto. Por lo tanto, uno reconocerá sus errores y asumirá sus responsabilidades, pero de manera condicionada: no tolerará, jamás, la falta de respeto a su persona. Uno no es un inútil por haber cometido un error. Las personas cometemos errores, y debemos aprender de ellos. Si se nos dice: «Eres un inútil, ¿no te había dicho que compres un rollo de cable?», responderemos: «No voy a tolerar que me faltes al respeto», «Pero si te he dicho esta mañana que compres más cable que me iba a hacer falta», «Cierto, he olvidado comprarlo y lo siento, pero no me vuelvas a hablar así. No tienes ningún derecho». Como se puede comprobar, el reconocimiento del error no se ha dado de inmediato; primeramente se ha indicado que no vamos a tolerar una manera soez de hablarnos, que no vamos a tolerar el insulto ni la descalificación. Si se nos reclama por lo que no hemos hecho y debíamos haber hecho, lo reconoceremos, pero no lo haremos si el reclamo viene desde la falta de consideración hacia nuestra persona. Supongo que nadie le respondería a un juez que nos dijera: «Es usted un idiota, ¿no ve que tenía que haber cerrado el grifo para no causar la inundación que ha destrozado el piso de su vecino?»; o a un policía que, después de darnos el alto, nos levantara la voz y nos gritase: «¡Idiota!, ¿es que no ha visto que estaba el semáforo en rojo?». Lo primero que le diríamos es: «A mí no me falte al respeto».

Debemos ser conscientes, por lo tanto, de que podemos equivocarnos, de que debemos asumir nuestros errores, pero bajo ningún concepto toleraremos la descalificación personal, el insulto o la falta de consideración. El respeto habrá de ser siempre previo para que reconozcamos el error cometido. Tampoco nos sentiremos culpables si la otra persona no nos da la opción a reparar el daño causado.

La pregunta constructiva

Si queremos conseguir en el futuro que nuestras relaciones con los demás sean mejores y se construyan en la base de una comunicación asertiva, deberemos conocerlos lo mejor posible. La técnica de la pregunta constructiva permite orientar las posibles soluciones en la resolución de los conflictos, ya que invitan no sólo a la reflexión, sino también a la precisión sobre los puntos que originan la divergencia.

Retomemos, para ejemplificarla, el ejemplo anterior en el que habíamos, supuestamente, olvidado comprar el material que se nos había encargado. Si verdaderamente nos habían encargado el material y hemos olvidado comprarlo, y se nos ha indicado el hecho con respeto, podríamos utilizar la pregunta constructiva: «Es cierto, he olvidado comprarlo, ¿cómo podríamos hacerlo para que no vuelva a ocurrir?». Ésta podría ser una respuesta con pregunta constructiva. La otra persona verá que reconocemos nuestro error y que queremos evitar que se repita en el futuro. Por otro lado, al decir «podríamos», estamos involucrando al otro en la búsqueda de una solución, lo que hará rebajar el disgusto al comprobar tan buena disposición por nuestra parte. Sin embargo, la otra persona, aún molesta por dificultarle con nuestro olvido su trabajo, podría contestarnos: «No lo sé. Yo ya te lo dije. Eso es asunto tuyo». No por obtener una respuesta poco involucrada deberemos abandonar la técnica; muy al contrario, deberemos proseguir con preguntas que propongan soluciones e involucren a la otra persona hasta alcanzar un pequeño plan de acción. Podríamos seguir diciendo: «La próxima vez, en vez de decírmelo de palabra, podríamos apuntarlo en una pizarra visible para ambos. Así, yo no me olvidaría de ninguna tarea y tú sabrías en todo momento si ya las he realizado, pues según las fuese completando, las tacharía de la lista. ¿Te parece una buena solución o preferirías proponer otra?».

La otra persona, más allá de su enfado por la situación concreta del momento, acabará implicándose, por propio interés, en la búsqueda de una solución factible. Por ello deberemos interpelarla siempre con una pregunta final, constructiva, que, además de hacer partícipe al otro en la tarea de encontrar una solución, le haga reflexionar sobre la naturaleza del problema.

Con ello, estamos reconociendo nuestro error y estamos buscando soluciones conjuntamente.

También serviría en caso de no haber cometido error ninguno. Supongamos que se nos acusa de no haber comprado el material pero nosotros insistimos en que no se nos había dicho. Con la solución propuesta no habría error posible, lo escrito quedaría registrado y así no se nos podría acusar de olvidadizos.

Por otro lado, la técnica de la pregunta constructiva es especialmente útil cuando la fuente de conflictos no es algo que se pueda determinar objetivamente (no se ha comprado un material determinado, se ha guardado una chaqueta que el otro no puede encontrar, etcétera), sino que la diferencia que origina la discusión está cargada de impresiones subjetivas, percepciones, valoraciones, creencias y atribuciones a nuestra conducta; es decir, cuando la fuente de las diferencias está en el plano «intersubjetivo», deberemos recorrer a la pregunta constructiva para determinar el origen de la disputa y apuntar hacia posibles soluciones. Véase, como ejemplo de funcionamiento de la técnica, el caso 8.

Caso 8. Nunca me ayudas

Susana, la eficiente comercial hija de Matilda, lleva unos días algo estresada. En el trabajo está sufriendo las presiones de su director de ventas, este mes no se están alcanzando los objetivos y los días en el despacho son insufribles. Pasa todo el día colgada del teléfono, tratando de conseguir un pedido que equilibre de nuevo la balanza. Dos de sus mejores clientes han decidido interrumpir el suministro mensual y todo parece ir de mal en peor.

No es capaz de mantener cierta calma en casa; cuando llega, todavía son muchas las cosas que tiene que hacer y, pese a que su marido, Jaime, es atento en casa y se ocupa mucho de los niños, Susana cree que hay un desequilibrio en cuanto a las tareas domésticas. Normalmente, ella carga con la mayor parte de las responsabilidades de la casa, incluso tienen una chica que llega tres veces en semana para ayudar en lo que ella no puede hacer.

Esta tarde Susana ha llegado a casa más cansada de lo habitual: ha soportado varias reuniones, ha rellenado todos los contratos que quedaban por cumplimentar, ha iniciado la actualización del nuevo catálogo, visitas a clientes que se cancelan en el último momento... Su estado de ánimo no es demasiado afectuoso. Al llegar a casa Jaime ya ha ido a recoger a los niños al colegio y se ha ocupado de ellos. Está jugando con ellos en el sofá, los niños están sonrientes y parecen estar pasándoselo bien. Cuando Susana va a la cocina a servirse un zumo de naranja, ve que aún están los platos de la cena del día anterior en la pica. Regresa hasta el salón y le dice a Jaime:

—¿No ha venido hoy María?

—No, ha dejado un mensaje en el contestador. Se ve que su madre se ha puesto enferma y ha tenido que quedarse con ella –le contesta él algo distraído con los niños, que prácticamente no le han prestado atención a su madre desde que ha entrado.

—Pues vaya, sí que estamos bien. Y tú, encima, en vez de echarme una mano, lo dejas así para que sea yo cuando llegue quien lo haga. Como si no tuviera suficiente en el trabajo, además tengo que ocuparme de todo en esta casa.

Jaime se da cuenta de que la guerra ha empezado y decide seguir a su mujer hasta la cocina y tratar de resolver la situación antes de que se inicie una espiral de acusaciones contra él.

—¿Qué querías que hiciera? He ido a buscar a los niños al colegio, les he dado la merienda y les he ayudado a hacer los deberes. No puedo hacerlo todo.

—Pero es que no es sólo esto. Te crees que haces mucho y no me ayudas en nada. Pues yo también trabajo y, además, me ocupo de todo en esta casa.

Jaime, en vez de defenderse con acusaciones, trata de resolver de la mejor manera la situación.

—Bueno, no hay para tanto. En un momento lo recojo todo y preparo la cena, vete a dar una ducha.

—Déjalo, ya lo hago yo. No importa que haga una cosa más.

—Pero, mujer...

—Que no, por favor. ¡Déjame un rato sola!

Jaime deja a su mujer sola en la cocina y se va de nuevo a jugar con los niños que, al oír la discusión, se han quedado a la espera con cierta inquietud. Jaime los tranquiliza y les dice que no pasa nada. Más tarde, ya en el dormitorio, Jaime vuelve a sacar el tema.

—Creo que deberíamos hablar. No me gusta verte así, y a los niños tampoco.

—Es igual, vamos a dormir, mañana será otro día.

—Primero me reclamas que por qué he dejado los platos por fregar. Cuando he querido hacerlo, me dices que no lo haga. Es muy difícil saber cómo puedo ayudarte.

—Déjalo, de verdad, ya hablaremos.

—No, creo que deberíamos hablar...

—Por favor, Jaime, estoy muy cansada.

—Yo también, pero es importante que hablemos.

—Está bien ¿Quieres hablar?, pues hablemos: si no me ayudas, yo no puedo con todo.

—De acuerdo, y ¿cómo quieres que te ayude?

—Jaime, por favor, pues ayudándome, ¿no lo ves? Es que parece que no tengas ojos en la cara.

—Pero ayudándote ¿cómo? Lo que quiero que me digas es cómo, y en qué, y cuándo. ¿Sabes? No es fácil ayudarte porque en todo quieres llevar la iniciativa, y así no sabe uno qué está haciendo bien y qué está haciendo mal, ni si debe ayudar o no. Preferiría que me dijeras qué quieres que haga;

y si crees que es poco, trataré de colaborar más, pero necesito saber exactamente qué hacer.

—Pero es que no puedo estar todo el día diciéndote qué hacer, no puedo.

—Mira, creo que tienes razón. Llevas demasiadas cosas encima, el trabajo te absorbe mucha energía y en casa casi todo lo llevas tú, pero es que no toleras que se hagan las cosas si no es a tu manera; lo quieres controlar todo y así es muy difícil poder ayudarte. O me das libertad para que tome mis propias decisiones sobre qué hacer (y luego no me reclames nada) o tendrás que decirme cómo y qué hacer, ya que a mí no me importa demasiado hacer las cosas a tu manera, y así podré colaborar un poco más.

—Mira, mejor dejémoslo, Jaime, estoy cansada.

—No, Susana, no lo voy a dejar, porque mañana pasará lo mismo, y si no es mañana, será la semana que viene. Seguramente, María tampoco podrá venir mañana, así que es mejor que, por lo menos para esta semana, nos pongamos de acuerdo y vaya adelantando algo de trabajo para cuando tú llegues.

—Está bien. Vamos a ver... Mañana, si antes de ir a buscar a los niños pudieses ir al supermercado, te dejaría la lista de lo que quiero antes de irme, me iría muy bien. Para mañana, con eso y que te cuides de los niños será suficiente.

—¿Nada más?

—No, pensaré en cómo distribuirnos las tareas y ya acabaremos de hablar. Y perdona, creo que antes me he pasado un poco.

El caso de Jaime y Susana permite comprobar cómo Jaime ha sabido manejar correctamente la situación, pese a que era difícil y su mujer no le ha dado facilidades. Pese a que él estaba ocupándose de los niños, ella no ha entendido esta tarea como algo prioritario (ya que, según su criterio, los niños se pueden entretener solos durante un rato mientras su padre se encarga de recoger la cocina). El desorden de la cocina y el padre entretenido con los niños han hecho que Susana acabara por irritarse más, y ha acusado a su marido de colaborar poco (cosa que es cierta, pero es que hay personas, como Susana, que prefieren hacerlo todo ellas y no dejar que los demás hagan nada, pues creen que, si no se ocupan ellos personalmente de todo, el mundo no va a funcionar; son ellos mismos los que impiden que los demás participen y, luego, si no llegan a poder asumir todas las responsabilidades, tienen una coartada perfecta para desempeñar el papel de víctimas). Le ha acusado de dejarle todas las tareas de la casa a ella y cuando él ha querido colaborar, ella se lo ha impedido y le ha pedido que la dejara sola. También aquí Jaime ha actuado correctamente; ella estaba demasiado ofuscada para poder abordar la discusión constructivamente, así que ha preferido utilizar el aplazamiento, y dejar la discusión para más tarde. Pese a que, como todo el mundo, su convivencia está llena de fricciones y Susana es una mujer de fuerte carácter, han sabido, hasta aquí, llevar una comunicación asertiva (aunque hay que reconocer que Susana ha estado algo agresiva al principio). Luego, ya en el dormitorio, Jaime ha entendido que no podía dejar el problema sin resolver, por eso ha insistido en abordarlo y, pese a que ella ha declinado hablar del tema, él ha insistido (disco rayado) y ha conseguido que pudieran reflexionar acerca de lo que ella le acusaba. La cuestión era que pudieran arreglar sus diferencias, y para ello, Jaime entendía que Susana debía «concretar» lo que quería de él y no estar esperando a que su marido se comportara según sus expectativas. Jaime ha sabido introducir perfectamente la técnica de la pregunta constructiva y ha llevado a Susana a definir qué era exactamente lo que quería que hiciese, de momento.

Esta nueva vía de diálogo, basada en la concreción de lo que hay que cambiar –y no anclada en vaguedades como «nunca me ayudas», o «deberíamos hacer algo distinto», o «nunca me escuchas», o «siempre me das de lado», o «no me gusta cómo te comportas conmigo», etcétera, que no ayudan en nada a la hora de establecer una comunicación asertiva–, vía basada en la expresión concreta de las emociones y las creencias que uno tiene –y no en vaguedades e impresiones difusas, también en generalidades poco ciertas normalmente–, es la vía correcta pues facilita la resolución de los problemas. Si a uno no le gusta el comportamiento del otro, debe precisar qué no le gusta y cuándo no le gusta.

Debemos aprender a concretar, y, para ello, una técnica excelente es la pregunta constructiva.

La duda razonable

A diferencia del apartado anterior, la técnica de la duda razonable tiene un espíritu puramente defensivo. También utiliza la pregunta como estrategia para frenar una crítica, un reproche o una valoración negativa. Con ella tratamos de evaluar hasta qué punto lo que se nos está diciendo es honesto, está fundamentado, o, bien al contrario, tiene una intención de corte malicioso, proveniente de la manipulación o de la mala intención. En ocasiones, las personas tenemos intereses ocultos que preferimos no revelar y necesitamos que los otros hagan, o dejen de hacer, cosas para que se despeje el camino. Muchas personas, en casos similares, no utilizan una comunicación asertiva ni expresan abiertamente lo que sienten o quieren de la otra persona, sino que atacan con pequeños comentarios que pueden resultar hirientes. Cuando nos enfrentamos a comentarios que comen la moral, como se suele decir, del tipo: «Últimamente tienes peor aspecto», «Parece que te has engordado», «Estás un poco espeso últimamente», «¿Seguro que no necesitas unas vacaciones?», debemos poner en funcionamiento la técnica de la duda razonable.

Ante estos casos, lo primero que debemos conocer es qué intención se esconde detrás del comentario vertido. Si es honesta y responde a la buena voluntad de ayudarnos y hacernos reflexionar sobre una parte de nuestra persona o desempeño que se está viendo mermado, la otra persona será capaz de respondernos adecuadamente y justificar su valoración cuando le preguntemos. En caso contrario, la persona divagará y, con toda probabilidad, basará su argumentación en impresiones propias, no contrastables, y su actitud será algo frívola.

Si uno se muestra molesto ante este tipo de comentarios (legítimo es que a uno no le gusten las críticas y lo exprese abiertamente), se utilizará nuestra reacción como la prueba concluyente de que la apreciación es correcta; habremos de oír, entonces, cosas como: «El que se pica, ajos come».

No es fácil reaccionar ante este tipo de situaciones, pues en muchas ocasiones provienen de personas con las que presentamos algún tipo de relación de dependencia, jefes principalmente, pero también suelen provenir de amigos o familiares a los que queremos y respetamos y a los que no queremos herir con nuestra reacción. Muchas personas reaccionan con mutismo u otorgamiento y no se rebelan ante lo que quizá no sea cierto y responda, seguramente, a otras motivaciones.

Para saber exactamente si lo que se nos dice es honesto y no tiene la intención de molestarnos –es más, está dicho con la delicadeza suficiente para que no nos sintamos heridos–, lo que debemos hacer es «interrogar» a la otra persona, preguntarle por qué nos está diciendo eso, en qué se basa, qué información tiene para afirmar algo así. Con ello, introduciremos en la confrontación dialéctica una «duda razonable» sobre lo que se nos está comentando. Nadie en este mundo tiene la verdad absoluta, y como todo puede ser visto desde un ángulo u otro, con una intención o interés, cualquier valoración que se haga sobre nuestra persona o desempeño podrá ser cuestionada. Solamente si la valoración o crítica está suficientemente fundamentada, la persona podrá responder con inmediatez, dotando a sus argumentos de hechos concretos que lo demuestren y lo hará con delicadeza para no herir nuestros sentimientos. Por el contrario, si la persona no está haciendo otra cosa que querer desestabilizarnos o manipularnos, su respuesta será dubitativa, muy imprecisa, y sus argumentaciones no saldrán de su propia impresión personal (tan válida, o inválida, como la de cualquier otra). Para ver cómo funcionaría la técnica, *véase* el caso 9.

Caso 9. Mauricio, director de ventas

Susana ha conseguido mejorar las cosas en casa. Se han puesto de acuerdo ella y su marido y están repartiéndose las tareas más equitativamente. Eso hace que Susana esté algo más tranquila, pese a que las cosas en el trabajo siguen empeorando. El ambiente estimulante en el que se movía como pez en el agua meses atrás, se ha vuelto agrio y cargado de tensión. Aun así, trata de hacer su trabajo de la manera más eficiente, pues para Susana su trabajo y el desempeño en él son aspectos muy importantes en su vida que asume con total responsabilidad. Después de cuatro años en la empresa, cree que es respetada y que goza de prestigio y de la consideración como uno de los comerciales más productivos. Pero las cifras mandan, y la cancelación definitiva de todos los pedidos para el resto del año de dos de los más importantes clientes supone la suspensión de la relación comercial con la consecuente repercusión en la facturación para el departamento. Es normal, ante tales circunstancias, que todo el mundo ande algo nervioso y presionado. No obstante, le resulta chocante que su jefe, Mauricio, el director del departamento de ventas, la llame a su despacho y le diga que últimamente la ve «poco centrada» en su trabajo. Susana, sin embargo, mujer con experiencia y hábil en el manejo de este tipo de situaciones, ha sabido responder adecuadamente en el diálogo que han mantenido.

—Bueno, Susana, pues a ver si esos clientes que tiene usted a la vista no se le escapan y conseguimos un buen cierre para este mes, porque últimamente la veo poco centrada en su trabajo.

—¿Poco centrada?

—Bueno, no sé, quizá «poco centrada» no sea la mejor manera de decirlo... Como si estuviera algo dispersa y eso estuviese afectando a la relación con los clientes.

—No sé por qué lo dice

—Eh..., bueno, a la vista está que los resultados de este mes no están siendo los esperados.

—Así es, pero imagino que si cree que no me estoy centrando lo suficiente en mi trabajo, no será únicamente por los resultados.

—A ver, no me malinterprete, pero, no sé, la veo como distraída, con cara de preocupación...

—Es normal que todos tengamos cara de preocupación si los números no salen. A todos nos afecta, pero los dos clientes que hemos perdido se han ido a la competencia porque encuentran mejores precios. Le aseguro que detrás de mi cara de preocupación lo que hay es un gran esfuerzo y concentración por conseguir nuevos clientes.

—No, si yo ya veo que se esfuerza, pero el esfuerzo hay que saberlo dirigir. Por eso es necesario que esté centrada y así no se pierdan energías inútilmente.

—Pero ¿hay algo en concreto que le llame la atención? Creo haberle entregado los informes de todas las visitas realizadas en los últimos quince días, como siempre. El número de visitas lo he incrementado en vista de lo que está ocurriendo, como podrá comprobar. Se han hecho tres clientes nuevos; claro está que entre los tres no suman ni el diez por ciento de *lo que hemos perdido. No sé en qué se basa para decir que no estoy centrada en mi trabajo, la verdad, no lo sé.*

—*Bueno, déjelo, quizá sean sólo impresiones mías.*

Susana sabe que el director de ventas es el primero al que aprietan desde gerencia cuando las cuentas no salen, y él trata de trasladar esa presión a sus subordinados, en este caso los comerciales. Pero Susana se ha defendido bien de la presión, que de momento no ha sido muy intensa, aunque podría incrementarse en los próximos días. En un primer momento ha dudado de la apreciación de su jefe con una simple pregunta: «¿Poco centrada?», le ha dicho con cara de extrañada. Mauricio ha tratado de justificar su apreciación, pero le ha sido impo-sible pues, en realidad, su crítica tenía que ver más con los resultados que con el verdadero desempeño de Susana. No ha podido retraerle nada, ni que llegara tarde, ni que hubiera recibido queja alguna de algún cliente, o que algún trabajador se hubiera quejado por algo de Susana, ni que el número de visitas estuviese por debajo de lo habitual, ni que no entregara a tiempo los informes..., nada, y, por lo tanto, se ha visto en la obligación de aceptar que quizá era sólo una impresión suya. Susana se ha defendido correctamente, sólo con tres o cuatro preguntas.

Cuando los demás critican, hay que obligarles a que justifiquen las críticas y que éstas no se queden, únicamente, en impresiones subjetivas.

En ningún momento Susana le ha dicho lo contrario, pues si ella le hubiera dicho que, según su criterio, no estaba descentrada y todo lo hubiera reducido a su impresión, todo hubiera quedado en dos impresiones distintas confrontadas –dado el rango superior del jefe, seguramente, hubiera valido la de éste–. Susana ha instado al director de ventas a precisar la base de sus críticas, a dotar de argumentos sólidos a una impresión subjetiva, pero, en realidad, la crítica respondía a otras motivaciones (hay gente que cuando le critican su trabajo, aunque sea injustamente, pone mayor celo para contrarrestar la crítica recibida), pues Mauricio necesita que los números empiecen a salir si no quiere ver en peligro su puesto, y para ello no ha dudado en tratar de espolear a Susana, pero ella se ha defendido bien y ha conseguido, introduciendo la duda (razonable en todo caso) en la apreciación de su jefe, desprenderse de la presión. Su mensaje ha sido claro, honesto y fundamentado: «Yo estoy haciendo mi trabajo igual o mejor que siempre; si se están perdiendo clientes, es por un problema de precios».

Cuando alguien te critique, pregunta en qué se basa, pregunta por qué lo dice, oblígale a dar validez a sus críticas, a sustentarlas en hechos ciertos y objetivos; verás como un porcentaje importante de las críticas no serán otra cosa que opiniones, valoraciones subjetivas, estarán basadas en imprecisiones y, a la hora de la verdad, quedarán en nada. No dejes que los demás les den a sus creencias sobre tu persona, tu trabajo, tu físico, tus relaciones, tus amigos, el valor de certeza. Introduce en ellos la duda, nada de lo que los demás te digan tiene por qué ser cierto; si lo es, podrán argumentarlo.

Si ves que no sabes qué preguntar, hay una pregunta infalible, tenla siempre a mano: «¿Por qué lo dices?», y si es necesario insiste: «Pero ¿por qué lo dices?». Si la persona no tiene respuestas, acabará dándose por vencida.

¡Ánimo! Confía en ti y en tus percepciones, cuestiona siempre lo que los demás te digan, especialmente si no ves claras las intenciones, y así no permitirás que los demás te manipulen.

Descripción relacional

La técnica de la descripción relacional requiere una buena dosis de análisis y cierto entrenamiento para poder ponerla en práctica con éxito. No es, por lo tanto, una técnica sencilla, pero, si llega a dominarse, es de una eficacia absoluta; no solamente es una defensa difícil de vulnerar sino que permite desarmar a la persona que nos está agrediendo. Básicamente, la técnica consiste en centrar la discusión en el comportamiento de nuestro interlocutor, dejando a un lado qué es lo que ha motivado la discusión o el enfrentamiento. La cuestión es que descubramos las armas con las que nos está atacando la otra persona. En algunas discusiones, las personas somos poco honestas y utilizamos formas perversas de comunicación: nos reímos (del otro), utilizamos la ironía, las bromas, el sarcasmo, el cinismo. En realidad, todas estas formas de comunicación son fórmulas pasivas de agresión, y no hay nada más difícil que combatir a quien nos arremete pasivamente. No siempre uno tiene la suerte de que le critiquen abiertamente y, así, pueda cuestionar la crítica con una duda razonable, por ejemplo, y librar una batalla con cierto grado de honestidad. En ocasiones, las críticas se nos hacen de manera velada para que no podamos contrarrestarlas; es justamente en este momento cuando debemos utilizar la técnica de la descripción relacional o, también llamada, de «procesamiento del cambio». Mauricio, el jefe del departamento de ventas de Susana, podría haberla provocado utilizando una forma más perversa para tratar de presionarla. Podría haberse reído cuando Susana le dijo que había hecho dos clientes nuevos, o haberle dicho en tono jocoso: «Sí, estoy seguro de que con éstos nos vamos a forrar». La técnica de la descripción relacional incide en «denunciar» este tipo de estrategias: «Perdone, pero con sus bromas no vamos a arreglar nada», o, ante la risa: «Su cinismo no va ayudar en nada a que mejoremos las ventas». Normalmente, las personas no recurren a formas tan poco educadas y se quedan en el uso de la simple ironía; una forma irónica de contrarrestar los argumentos de Susana hubiera sido: «Sí, desde luego estoy muy impresionado con sus informes». Para hacer frente a la ironía, en este caso, bastaría con: «Con su ironía no va a conseguir nada». La cuestión es «hacer notar» a la persona su falta de honestidad en la comunicación. Aun así, en ocasiones no conseguimos el efecto deseado y la persona puede continuar con su estrategia: «Vaya, veo que es usted muy perspicaz». En ese caso deberíamos continuar, como en la técnica del disco rayado, haciendo notar el comportamiento de nuestro interlocutor: «Ya le he dicho que con ese tipo de ironías no llegaremos a ningún sitio».

Muchas personas prefieren, cuando detectan ironía, burla o sarcasmo en el otro, reaccionar con el mismo patrón comunicativo. Es cierto que en ocasiones una respuesta irónica ante otra de la misma naturaleza puede neutralizar a nuestro interlocutor; de esta suerte, ante: «Sí, desde luego estoy muy impresionado con sus informes», sería fácil de anular el efecto de la ironía con otra sutileza mayor: «Por supuesto, usted es una persona fácil de impresionar». Posiblemente, la otra persona abandone la lucha y desestime continuar con ese tipo de comentarios o, por el contrario, decida elevar aún más el grado de hostilidad: «Vaya, no sabía que estuviera usted tan al tanto de mi persona, me alegra saberlo». En cualquier caso, hacer frente a una ironía con otra no permite trabajar en la dirección del verdadero espíritu de la comunicación asertiva, es decir, conseguir una comunicación constructiva y honesta. Por esta razón, es siempre preferible denunciar la falta de honestidad en nuestro interlocutor y, si es necesario, hacerlo con firmeza e intransigencia, diciendo claramente *no* a una actitud de tal naturaleza: «No voy a tolerar que continúe con sus ironías acerca de mi trabajo. Mi trabajo se merece un respeto».

No se trata de que seamos más hábiles o más sutiles que nuestro interlocutor, no es cuestión de establecer corrientes subterráneas de hostilidad. La cuestión es no dejarse presionar, ni pisar, ni humillar; no claudicar ante los demás, pero, además, hacerlo de forma honesta e íntegra.

¡No caigas en la provocación, pues eso siempre es señal de debilidad!

Para finalizar, la tabla 6 muestra las técnicas expuestas, su definición, cuándo debemos ponerlas en práctica, y un ejemplo sencillo que la clarifica.

Tabla 6. Técnicas asertivas para casos concretos

Técnica	Objetivo	Definición	Cuándo utilizarla	Ejemplo
Disco rayado	Mantenerse firme en una posición	Repetir, una y otra vez, la misma frase o palabra hasta conseguir ser escuchados	Cuando no se nos respete el turno de habla	—Me gustaría decir... —No, lo que pasa es que... —Perdona, pero me gustaría decir. —...cuando tú... —Me gustaría decir, me gustaría decir...
			Cuando no quieran aceptar nuestros argumentos	—... pero quizá podrías venir luego. —Ya te he dicho que tengo que trabajar. —Aunque sea sólo un rato. —Te repito que tengo que trabajar.
			Ante la insistencia y la presión de los otros	—Por favor, es la última vez que te lo pido. —Te repito que no. —Ya pero es que... —No, te repito que no.

Tabla 6. Técnicas asertivas para casos concretos (*continuación*)

Técnica	Objetivo	Definición	Cuándo utilizarla	Ejemplo
Banco de niebla	Evitar una discusión mayor	Hacer ver que le damos la razón al otro, manifestando acuerdo con la parte superficial de sus argumentos	Ante acusaciones injustificadas	—Estoy harto de estar siempre volviéndome loco para encontrarlo todo. —Claro, a nadie le gusta estar sin encontrar lo que busca. —¿No puedes dejar mis cosas donde yo las dejé? Siempre es lo mismo y, al final, acabamos llegando tarde. —Pues sí, siempre es lo mismo.
Aplazamiento	Buscar el momento adecuado para discutir algo	Dejar para más tarde la discusión si el momento no es propicio	Cuando nos sintamos demasiado ansiosos o encolerizados	—Éste no es el mejor momento para hablar. Luego, nos sentamos con más calma y resolvemos el problema
			Cuando el otro esté demasiado exaltado y la discusión pudiera empeorar las cosas	—Creo que deberíamos dejar esta discusión para más tarde, ahora estamos los dos muy alterados.

Tabla 6. Técnicas asertivas para casos concretos (*continuación*)

Técnica	Objetivo	Definición	Cuándo utilizarla	Ejemplo
Aplazamiento	Buscar el momento adecuado para discutir algo	Dejar para más tarde la discusión si el momento no es propicio	Cuando estemos esperando confirmar alguna información	—*Mira, no estoy seguro de lo que me estás diciendo. Prefiero que lo discutamos más tarde, cuando pueda comprobar lo que dices.*
Ignorar	Evitar una discusión que no nos interesa y en la que no tenemos nada en juego	Manifestar ante los argumentos del otro total desinterés por el asunto en cuestión	Ante cualquier discusión en la que no tengamos nada que resolver o negociar, especialmente con las personas de patrón agresivo	—*Perdona, pero este tema no me interesa en absoluto.* —*Lo siento, pero preferiría hablar de otra cosa, esto me aburre un poco.* —*No insistas, de verdad, es que me da igual.*

Tabla 6. Técnicas asertivas para casos concretos (*continuación*)

Técnica	Objetivo	Definición	Cuándo utilizarla	Ejemplo
Reconocimiento condicionado	Evitar que otras personas abusen de uno apoyándose en errores que hayamos podido cometer	Reconocer que se ha cometido un error, siempre y cuando la otra persona nos lo diga con respeto y nos dé la posibilidad de reparar el daño cometido	Cuando se nos acuse de haber causado daño o perjuicio y se nos esté recriminando por ello	*—Pareces tonto, ¿no te había dicho que llegases puntual? Ahora no llegaremos a tiempo.* *—No voy a tolerar que me faltes al respeto ni que me hables en ese tono.* *—Pero has llegado tarde y, cuando lleguemos, ya se habrán ido todos.* *—Sí, he llegado tarde y lo siento. Yo pagaré un taxi para ver si todavía los alcanzamos, pero jamás vuelvas a dirigirte a mí de esa manera, ¿de acuerdo?*
Pregunta constructiva	Precisar, al máximo, los puntos de conflicto. Involucrar al otro en la búsqueda de una solución	Se tratará de preguntar al otro qué le ha molestado exactamente de nuestro comportamiento y qué quiere que se haga para mejorar la situación	En cualquier discusión en la que haya un conflicto por resolver, especialmente si éste se puede repetir en el futuro	*—Has olvidado comprar el material que te dije y ahora no podré acabar el trabajo.* *—Es cierto. ¿Cómo podríamos hacerlo para que no vuelva a ocurrir?* *—Eso es asunto tuyo.* *—Creo que si lo apuntásemos en una pizarra, no volvería a ocurrir. A los dos nos afecta y habría que encontrar una solución. ¿Crees que ésta podría servir o se te ocurre otra?*

Tabla 6. Técnicas asertivas para casos concretos (*continuación*)

Técnica	Objetivo	Definición	Cuándo utilizarla	Ejemplo
Duda razonable	Evaluar la verdadera motivación de la persona que nos critica o acusa de algo	Interrogar a la otra persona acerca de sus afirmaciones y la base de sus argumentos	Siempre que dudemos de si la otra persona quiere manipularnos o desestabilizarnos	—*Creo que últimamente no estás muy concentrado en tu trabajo.* —*¿Por qué lo dices?* —*No sé, te veo algo distraído.* —*Pero ¿en qué te basas?*
Descripción relacional	Desarmar a nuestro interlocutor cuando nos ataca pasivamente con risas, ironías y sarcasmos	Centrar los comentarios que hacemos en las estrategias deshonestas de nuestro interlocutor en la discusión	Siempre que la otra persona trate de agredirnos con actitudes perversas en la comunicación	—*Creo que sé cómo podríamos mejorar las ventas.* —*¿Ah, sí, cómo?, ¿recurriendo a una vidente?* —*Creo que con sus bromas y esa actitud cínica no va a conseguir que mejoremos la facturación.*

DOMINIOS ESPECÍFICOS.
TÚ PUEDES DECIR NO

Algunas personas encuentran mayores dificultades para ser asertivas en unos casos que en otros, y pueden llegar a vivir situaciones desagradables por pensar que lo que hacen en un ámbito de su vida no lo pueden llevar a cabo en otro y, así, acaban, como hemos ido viendo ya en algunos de los ejemplos planteados, sufriendo por las concesiones que hacen, en ocasiones porque creen que, si no fuera así, podrían llegar a perder el empleo, por amor a la persona con la que conviven, por no contravenir la autoridad de los padres o por miedo a perder a los amigos. En otros casos, sus limitaciones tienen que ver más cuando deben realizar algún trámite en la administración pública, o en una entidad bancaria, a las que se les atribuye cierta autoridad y en las que, no siempre, acabamos firmando cosas sin haberlas leído, o aceptando que nos cobren por servicios que no tenemos muy claro haber solicitado y, también, por qué no decirlo, por miedo a parecer poco espabilados o algo torpes, y de esa manera declinamos preguntar y acabamos aceptando aquiescentemente cualquier propuesta o solicitud que se nos haga.

Llegados a este punto, en el cual ya conocemos ampliamente el concepto de «asertividad» y el tipo de comunicación que queremos lograr (también conocemos algunas técnicas específicas para enfrentarnos a situaciones difíciles), deberíamos empezar a revisar, aunque sólo sea mentalmente, ya que en el próximo capítulo lo abordaremos con toda la precisión necesaria, en qué ámbito de nuestra vida tenemos mayores problemas.

Para poder facilitar esta reflexión que cada uno debería hacer de manera individual, se van a revisar aquellos ámbitos que mayores problemas generan a la mayoría de personas, por presentar características especiales, como las relaciones jerárquicamente dependientes en el terreno laboral, la dependencia dentro de las relaciones afectivas, las figuras de autoridad en el ámbito de la familia, etcétera.

En el trabajo

El ámbito laboral quizá sea el más controvertido en el terreno de la asertividad por las características propias que presenta. Por un lado, la relación laboral está exhaustivamente regulada por leyes y procedimientos que determinan, con toda exactitud, cuáles son los derechos y los deberes de las partes implicadas en la relación –de una parte, está la empresa contratante, y, de otra, el trabajador contratado–. Por este motivo, sería de esperar que en este terreno en concreto, dado el alto grado de regulación, no serían esperables mayores problemas a la hora de defender nuestros derechos (a diferencia de los amigos, por ejemplo, pues no existe un Estatuto de las Relaciones de Amistad, como sí existe un Estatuto de los Trabajadores). Paradójicamente, es en el ámbito laboral donde se dan los mayores problemas y donde las personas con pocos recursos asertivos acaban convirtiéndose en víctimas de jefes, mandos intermedios y compañeros que son auténticos depredadores. Lo que principalmente posibilita que en las relaciones laborales se den abusos y los trabajadores (en su mayoría, aunque también en contadas ocasiones los jefes) se vean sometidos a cumplir con horarios que exceden de su jornada laboral, a realizar tareas para las que no han sido contratados o a asumir responsabilidades por las que no serán recompensados económicamente, tiene que ver con la subsistencia: todo el mundo tiene miedo a perder su empleo.

Cuando una persona está en una situación precaria y depende exclusivamente de su empleo para subsistir en la vida, especialmente si tiene hijos a su cargo, será fácil de explotar utilizando la amenaza velada del despido o la no renovación de su contrato. No se va a decir desde aquí que ese riesgo no exista y que no hayan sido despedidos muchos trabajadores por pretender defender sus derechos y no dejarse pisotear por exigencias impropias de un jefe algo desalmado. El riesgo a perder el empleo, si uno hace por que no le pisen el terreno, existe, aunque no por ello hay que acabar como un siervo sin voz, explotado y sin derechos.

La explotación de los trabajadores suele ser gradual. Al principio uno empieza diciendo *sí* ante pequeñas peticiones que, como si fueran favores, vamos concediendo con tal de ganarnos el reconocimiento y la valoración de aquellos que nos han contratado: «Perdone, ¿podría quedarse hoy diez minutos más?, es que estamos esperando un pedido y llegará algo tarde», se nos pide, y, obviamente, no vamos a decir que no cuando acaban de contratarnos. Luego, los diez minutos acaban convirtiéndose en media hora o cuarenta minutos, y nuestra sensación es de rabia y frustración por estar regalando nuestro trabajo.

Especial mención habrá que hacer, también, a los compañeros de trabajo, aquellos que ya llevan años en la empresa y conocen perfectamente su funcionamiento, por lo que querrán aprovecharse de nuestra estrenada contratación y nuestros deseos de agradar.

Estas situaciones, si no se paran a tiempo, se acaban convirtiendo en auténticas pesadillas de las que luego es muy difícil salir. Un trabajador al que no se le respetan los derechos y termina siendo explotado, acabará siendo un trabajador que dará poco rendimiento, se verá inmerso en conflictos, presentará un alto absentismo laboral y la empresa acabará queriendo prescindir de sus servicios. La lucha estará servida y cada uno utilizará sus armas legales de la mejor manera. Si la empresa no puede, de manera barata, deshacerse del trabajador, lo acosará de mil formas hasta que decida irse; son los llamados casos de *mobbing*.

Para evitar llegar a situaciones extremas, será necesario manejarse adecuadamente con aquellas pretensiones que se excedan con respecto a nuestro contrato (que siempre habrá que tener como punto de referencia) y lo que creamos que es justo. En ocasiones, incluso, podrá interesar satisfacer algunas peticiones si creemos que eso podría ayudarnos a mejorar nuestra situación en la empresa (aprender nuevas tareas que nos hagan promocionar, controlar información que luego podría sernos de utilidad o, incluso, obtener compensaciones).

El terreno laboral es uno de los más complejos, pues la relación implica dependencia con respecto a una entidad jurídica (la empresa), pero ésta, lejos de relacionarse con el trabajador de manera aséptica, lo hace a través de personas con intereses, deseos, pretensiones y una determinada concepción de la vida que, desgraciada o afortunadamente, según sea el caso, acabará determinando la relación.

La premisa es no ceder ante lo que creamos innecesario, injusto o impropio de nuestro trabajo. La gran pregunta es: ¿cómo hacerlo sin poner en riesgo nuestro puesto de trabajo?

Cuando el jefe nos pide algo

Normalmente, y aunque en principio pueda parecer lo contrario, siempre será más fácil decirle que no a un jefe, especialmente si tiene una posición de responsabilidad, que a un mando intermedio o incluso a un compañero. Salvando algunas indeseables excepciones, los jefes son personas formadas y entrenadas para sacar el máximo de sus equipos de trabajo y saben escuchar. Una negativa correctamente argumentada será bien valorada y la próxima vez que se nos pida algo se hará siempre sabiendo que, si nos negamos, será justificadamente. Cuando un jefe le pide algo a su subordinado, lo hace buscando resolver un problema; si es un compañero quien nos pide que hagamos algo por él, normalmente responderá a conseguir su propia comodidad. Por ello lo primero que debemos determinar es la naturaleza de la petición: con lo que me están pidiendo, ¿qué pretenden conseguir? Si la respuesta a esta pregunta tiene que ver con algo razonable, deberemos pensar en si somos la persona más adecuada para resolver el problema y, además, si procede que nos lo pidan. En caso de que seamos la persona adecuada, pero no esté dentro del ámbito de nuestras responsabilidades, quizá no deberíamos asumirlas y, así, hacerlo saber. Pero uno de los errores que un trabajador suele cometer es ir aceptando trabajos cada vez de mayor responsabilidad pensando que en el futuro será recompensado por ello: no va a ser así; la empresa nunca nos dará nada que no pidamos.

Ante un superior, sobre todo si es honesto y trata que el trabajo salga adelante de la mejor manera, un buen argumento acompañando a la negativa será la mejor manera de que se nos respete incluso negándonos a satisfacer las peticiones que se nos hagan.

Con lo anteriormente expuesto, no hay que confundir las peticiones con las indicaciones. Cuando uno firma un contrato de trabajo, está asumiendo responsabilidades a las que debe dar cumplimiento. La mayoría de las veces se nos estará indicando que realicemos las tareas que nos corresponden y dentro de nuestra jornada laboral. Pero si no es así, deberemos seguir algunas reglas básicas:

- *intentar no responder en el momento*. Será muy eficaz tomarse un tiempo para responder, incluso si la petición es para el mismo momento; eso nos dará la posibilidad de reflexionar y analizar bien la demanda;
- *valorar la naturaleza de la demanda*. Deberemos determinar hasta qué punto lo que se nos está pidiendo es razonable.

En ocasiones la empresa se puede ver en apuros y necesitar apoyo extra de los trabajadores. Uno de los indicadores para determinarlo es la excepcionalidad de la petición. Si las peticiones son constantes, no responderán a una eventualidad sino a una mala organización o planificación de las tareas;

- *valorar si somos la persona adecuada para llevar a cabo lo que se nos pide.* Es muy importante reflexionar sobre si somos la persona que mejor desempeñaría lo que se nos pide. Si no es así, deberemos hacerlo saber;
- *valorar si tenemos los recursos necesarios para hacerlo.* Es posible que, en ocasiones, se nos pida que realicemos tareas para las que no tenemos las herramientas o el apoyo necesario, ni los conocimientos suficientes para llevarlas a cabo. Por eso será muy importante determinar si estamos en condiciones de poder cumplir con lo que se nos pide.

Obviamente, si la demanda no está justificada, deberemos hacerlo saber: «Me encantaría poder ayudarles, pero creo que eso no me corresponde hacerlo a mí»; también si no somos la persona adecuada o no tenemos los recursos necesarios: «Creo que sería mejor que eso lo hiciese otro. Yo no me veo capaz»; también: «Me harían falta dos o tres personas para poder acabar lo que me pide». Nuestro jefe entenderá siempre un buen argumento. Si no lo damos, entenderá nuestra negativa de manera caprichosa y eso iría en nuestra contra.

Por último, deberemos decidir, pese a que la demanda esté justificada, seamos la persona adecuada y tengamos lo necesario para cumplir con la tarea, si queremos hacerla o no. Si está fuera de nuestro horario y no queremos quedarnos más tiempo, deberemos sentirnos libres para decir *no*, y no tendremos por qué justificarnos; será suficiente con que digamos: «Lo siento, pero a las ocho me tengo que ir».

Las anteriores recomendaciones serán muy útiles ante peticiones que excedan de nuestras responsabilidades contractuales, pero en ocasiones, o incluso muy a menudo, a los trabajadores se les piden tareas que sí están dentro de su responsabilidad, están capacitados para llevarlas a cabo y tienen los recursos necesarios para hacerlas, pero no el tiempo. Es posible que nuestro jefe nos pida cosas que excedan de nuestra capacidad de trabajo. Esto es bastante habitual. Si decimos a todo que sí, y luego no podemos cumplir, habremos cometido dos errores: primero, decir que haríamos algo que no podíamos hacer (o que no ha permitido realizar otras tareas también importantes), y, segundo, que habremos impedido que nuestro jefe buscara otras soluciones para hacer el trabajo.

Muchos trabajadores creen que deben decir *sí* a todo lo que se les pida si entra dentro de sus tareas. No es cierto, pues uno no puede hacerlo todo a la vez (preparar los informes, convocar la reunión, recibir a los clientes, ir a la administración a recoger los impresos, etcétera). Si nuestro jefe nos pide algo, y creemos que eso puede exceder nuestra capacidad de trabajo, deberemos hacerle saber que estamos realizando otra tarea, y que es posible que ésta quede pendiente.

Lo más importante es tener una comunicación fluida, directa y solvente con nuestro jefe. No le vengamos a explicar los pormenores de nuestro trabajo; simplemente informemos de lo relevante.

¡Argumenta tus decisiones! Eso te hará ser respetado.

Otro de los errores frecuentes que se cometen en el trabajo es decir que no haremos algo y luego acabar haciéndolo. Si nuestro jefe nos pide algo y le decimos que no podemos hacerlo, no deberemos ceder a la presión, en caso de que la ejerza, pues el mensaje que estaremos transmitiendo es que en realidad sí podemos realizar el trabajo y sólo lo vamos a realizar si se nos presiona lo suficiente. Es éste un mensaje altamente peligroso, pues nuestro jefe entenderá que la presión es lo que nos hace sacar nuestro máximo rendimiento y la próxima vez la aumentará para que acabemos cediendo a sus peticiones. Si decimos *no* a una tarea, debemos dar argumentos a la negativa: «Lo siento, pero si hago esto, la facturación del día se quedará por hacer». En caso de que el jefe insista («Estoy seguro de que lo podrá hacer todo»), no deberemos ceder (para eso hemos aprendido varias técnicas: el disco rayado o la pregunta constructiva serían, en este caso, las más adecuadas para enfrentarnos a la situación), deberemos mantenernos firmes y argumentar adecuadamente: «No, me será imposible hacerlo todo antes de las ocho».

En realidad, lo que un jefe valora es tener trabajadores que cumplan con su trabajo de manera eficiente y no le den problemas; esto es lo que más se valora. No se nos va a querer más porque asumamos responsabilidades que no podemos asumir, ni porque cedamos a presiones que nos acabarán complicando la vida. Seamos honestos; ése es el principio de la comunicación asertiva, el auténtico camino para conseguir el respeto y el reconocimiento de los demás, incluidos nuestros jefes, que siempre querrán sacar el máximo de nosotros mismos, y no van a entender jamás de límites. Cuanto más cedamos, más se nos pedirá, y así hasta que explotemos. Luego, si no servimos, simplemente pondrán a otro. Uno debe saber decir *no*, aunque sea a su jefe, siempre que sea razonable.

Cuando los compañeros abusan

No son siempre los jefes los que tratan de exprimirnos al máximo con peticiones que nos comprometen y ante las que nos resulta difícil, en ocasiones, responder con la firmeza y la seguridad necesarias. Otras muchas veces son los mismos compañeros los que abusan de uno para obtener privilegios, desprenderse de las tareas más tediosas o escaquearse de los turnos menos apetecibles. Para ello suelen usar las artimañas más inopinadas y muchas veces se acaba convirtiendo uno, por evitar un enfrentamiento, en una especie de siervo no declarado que acaba cargando con el trabajo de otros, llegando a asumir, incluso, errores ajenos. La amenaza velada, en este caso, no será directamente el miedo a perder el empleo, sino el miedo a perder el reconocimiento social de los compañeros, pues habitualmente este tipo de personas que se toman confianzas con los recién llegados, o no tan recién llegados, ejercen un importante liderazgo dentro del grupo y, ya que nadie se atreve a contradecirles, acaban por imponer su ley de sometimiento y privilegios a cualquiera que llegue, pudiendo, si es necesario, hacernos la vida imposible en caso de que nos rebelemos contra sus directrices.

No siempre son los líderes del grupo los que se aprovechan de los otros; también se dan muchos casos de pseudovictimismo, es decir, personas que tratan de despertar compasión en los demás para que se apiaden de ellos y los acaben eximiendo de responsabilidades. No debemos dejarnos engañar, ni por aquellos que despiertan compasión ni por aquellos que, por haber conseguido un estatus social determinado, creen que pueden gobernar con tiranía a cualquiera que entre a formar parte de la empresa. Estos últimos, además, gozan en no pocas ocasiones de la connivencia de los jefes, que no hacen nada por impedir que ciertos trabajadores acaben controlando a un grupo determinado de compañeros.

También se da el perfil del buen compañero, aquel que muy pronto establece una amistad con nosotros, haciendo ver que es nuestro amigo y con el mensaje velado de que cuidará de que no nos ocurra nada malo. Obviamente, cuando uno entra nuevo a un puesto de trabajo, necesita puntos de referencia y los compañeros pueden ejercer una función en ese sentido, pero siempre hay quien pretende sacar partido de su falso acercamiento, encaminándonos, sin que lleguemos a sospechar de ellos, hacia tareas y formas de actuar que les favorezcan, o esperando, más adelante, sacar una contrapartida.

Por lo tanto, son muchas las maneras y los perfiles de personas que pueden pretender sacar partido de nuestra inexperiencia en una determinada función o puesto.

No se puede afirmar que, si uno se encuentra con uno de estos casos, vaya a ser fácil combatir las demandas (o incluso exigencias) que podría llegar a encontrarse, pero no es menos cierto que se pueden contrarrestar con las técnicas adecuadas. Prueba de ello es que hay siempre compañeros, incluso recién llegados, que son capaces de escapar a las redes de estos aprovechados.

Como uno ya habrá podido ir intuyendo en capítulos anteriores que, en estos casos, un enfrentamiento directo dotado de una gran carga agresiva no será la mejor estrategia para enfrentarse a tales hostilidades, pero tampoco una actitud sumisa y claudicante. Muy al contrario, una actitud de firmeza, pocas justificaciones, una posición independiente y una respuesta adecuada nos pueden salvar de numerosas situaciones indeseables en las que no queremos vernos envueltos. Como digo, lo peor es mostrarse débil y servil, pues los abusos no tendrían fin; se acabaría uno convirtiendo en el chico de los recados.

Por suerte, la mayoría de los casos no se relacionan con situaciones extremas de abuso sino con compañeros que, simplemente y en ocasiones, tienden a sacar partido de manera esporádica de las personas poco impositivas y con un carácter menos marcado. De las técnicas que hemos visto con anterioridad, las que ofrecen una gran seguridad defensiva (disco rayado, banco de niebla, ignorar y descripción relacional) serán las más útiles. Si uno no se atreve a utilizarlas al principio, siempre quedan otras que nos ayudan a ganar tiempo, como la del aplazamiento.

Algunas de las estrategias que utilizan los aprovechados, quizá las más comunes, son las siguientes.

- *Promesas incumplidas.* Es habitual encontrarse con trabajadores que, aprovechándose de la buena relación que mantienen con uno, nos pidan favores a cambio de devolvérnoslos en el futuro. Pero el tiempo suele ejercer una profunda amnesia sobre su memoria, pues en pocos días olvidan el favor y no dudan en negarse a complacernos cuando uno trata de cobrarse lo que nos deben. «Huy, es que hoy no me va bien», suelen decir, y ejercen, con asertividad, su derecho a decir *no* y dejarnos con la sensación de que nos han tomado el pelo. Se debe, por lo tanto, tomar buena nota de aquellos que solamente están para pedir favores y no devolverlos nunca, para no caer en su trampa, pues nunca reconocerán que así es. Un simple «Hoy no puedo, lo siento», será suficiente para que, la próxima vez, no sigan creyendo que se nos puede tomar por ingenuos siempre.

- *Manipulación de la información.* «Me ha dicho el encargado que para las siete tienen que estar los sacos en el camión», nos llegan a decir, cuando en realidad el encargado lo que le ha dicho es que, si a las siete están los sacos cargados, no tiene inconveniente en que nuestro compañero acabe su jornada una hora antes. Como vemos, está manejando la información perversamente para lograr involucrarnos en algo que sólo a él le favorece. Esta técnica es muy difícil de combatir, y en muchas ocasiones será incluso imposible saber la verdad. Ante informaciones que nos comprometen, lo mejor siempre es ir a contrastarlas, conocer de primera mano si lo que se nos está diciendo es, o no, cierto. Cuando alguien nos facilita una información o nos da una orden que viene desde arriba, si nos ofrece dudas, será mejor preguntar y asegurarse. La información es poder. Hay que aprender a usarla.

- *La patata caliente.* «Me ha dicho el jefe que para mañana a primera hora quiere este informe en la mesa», nos dice nuestro compañero dejándonos los documentos en la mesa de nuestro despacho, ya con la chaqueta puesta y medio saliendo por la puerta, sin darnos posibilidad a réplica alguna. Nos han dejado con la responsabilidad de satisfacer una demanda sin opción a negarnos. Normalmente, uno acaba claudicando por no tener que dar explicaciones al día siguiente de por qué ese trabajo no está terminado. Obviamente, no resulta fácil combatir, en primera instancia, una acción de este calibre; especialmente si uno cree que la tarea que nos han endosado, como si fuera una patata caliente, es en realidad importante. Hay quien, ante esta situación, hace lo mismo y se la endosa a otra persona (esto es eficaz, pero muy poco honesto y no resuelve jamás el problema). Una manera de afrontar la situación es, asumiendo que al día siguiente puede haber problemas, volver a dejar la documentación sin haber hecho nada en la mesa de quien tan avispadamente nos quería hacer cargar con el muerto. Si al día siguiente ese compañero tan listo se encuentra de nuevo con la misma patata, más caliente todavía, sabrá que no estamos dispuestos a dejarnos torear. Seguramente vendrá a pedirnos explicaciones al respecto, ante lo que podremos argumentar, tranquila y serenamente: «Quise decirte ayer que me era imposible realizar el informe, pero te fuiste tan rápido que no pude». Ante los espabilados habrá que dispensar una buena dosis de astucia si no queremos bailar siempre a su son.

- *¡Boicot a la vista!* Cada persona en su trabajo tiene su pequeña parcela de poder; y hay quien no lo desaprovecha para utilizarlo como moneda de cambio o, incluso, como una amenaza velada. La mayoría de trabajos implican una dependencia compartida con algún compañero, pues nuestra tarea puede estar supeditada a que otro haya realizado previamente alguna función. El cartero no puede salir a repartir las cartas si, previamente, no se han clasificado correctamente, ni el camarero puede servir las bebidas si no hay vasos limpios. Hay quien, sabiendo de su posición privilegiada, no duda en entorpecer las tareas de otros con el fin de presionar (si quiere conseguir algo) o de vengarse (si no se ha logrado). Si un compañero nos amenaza (aunque sea muy veladamente) con no conseguir tener una tarea a tiempo, o con la posibilidad de tener dificultades si no consigue algo de nosotros, nos estará, directamente, chantajeando. Lo mejor para salir de un chantaje es no caer en él. Si uno demuestra temor ante la amenaza, habrá más peticiones injustas y más comprometedoras cada vez. Hay quien, ante estas situaciones, trata de hacer intervenir a los superiores, que pronto entenderán esto como chiquilladas que entorpecen su propio trabajo. Es una situación difícil de resolver, especialmente porque la otra persona está actuando con malicia. Lo mejor, en estos casos, es hacer manifiestas las consecuencias del boicot. Si alguien entorpece nuestro trabajo, no podremos trabajar adecuadamente y, por lo tanto, lo mejor es detener la actividad. Seguramente alguien nos pedirá explicaciones si no hacemos nuestro trabajo. Entonces será la hora de que se nos escuche e, incluso, podemos declararnos en huelga de brazos caídos, ya que, si no se cumplen las condiciones mínimas para realizar nuestra tarea, no tenemos por qué realizarla. Seamos honestos siempre, ejerzamos nuestros derechos y no tengamos miedo a denunciar a quien trata de boicotearnos, pero siempre con firmeza y sin remordimientos. Si uno juega limpio, siempre tendrá la razón de su lado.

- «*¿No te doy pena?*» Ésta es otra de las estrategias más comúnmente utilizadas por aquellos que quieren sacar partido de los demás. Siempre va a haber alguien que tratará de conmovernos para que acabemos cediendo ante sus peticiones y demandas. La vida de estas personas suele girar en torno a la calamidad, siempre están fustigados por desgracias cotidianas que parecen cebarse con ellos: un casero tirano que quiere echarlos de la casa, elevadísimas facturas de teléfono que no pueden pagar por la irresponsabilidad de unos adolescentes incontrolables, averías sucesivas del coche, reparaciones ineludibles en casa que no cubre el seguro, órdenes de apremio porque han dejado de pagar varios recibos de la hipoteca, despidos continuos del cónyuge que merman sus ingresos mensuales... Siempre va a haber una excusa o una eventualidad a la que aferrarse para legitimarse en la demanda, para que al final nos acaben pidiendo que les ayudemos. No voy a decir que algunas, o incluso muchas, de estas circunstancias sean falsas o inventadas, que a veces lo son, pero no es menos cierto que hay muchas personas que se acostumbran a vivir al límite de sus posibilidades y que, pese a pasar por penurias, no se quitan luego de llevar a sus hijos al mejor colegio de pago o lucir ropa de marca. Este perfil de personas, que normalmente suelen tener un comportamiento sumiso con los otros, son, en realidad, unos aprovechados de la caridad ajena. Han aprendido que donde ellos no llegan otros se compadecen y acaban cubriendo sus necesidades. Es fácil que uno acabe cayendo en la trampa y asuma sus deudas o contribuya a saldarlas.

- Otros, sin embargo, no tratan de despertar compasión por temas económicos, sino por unas condiciones familiares difíciles: «Mi marido no está nunca en casa», «Mi hijo está teniendo muchos problemas y me necesita», «Ahora mi suegra, que está enferma, se ha venido a vivir con nosotros y no hay quien pegue ojo por las noches», o, simplemente: «Tengo un vecino que me hace la vida imposible». Como digo, no es cuestión de que la gente tenga más o menos problemas, sino de que al final se acabe viviendo de ellos, obteniendo una renta por aparentar desventaja o penuria ante los demás. Serán éstos los compañeros de trabajo que acabarán pidiéndonos salir antes del trabajo, que le hagamos parte de sus tareas o les cambiemos el turno para que puedan sobrellevar mejor sus penurias.

- Con todo, no es que uno deba volverse insensible ante las necesidades del prójimo y acabe convirtiéndose en un ser inclemente incapaz de la menor ayuda a los demás; la cuestión radica en que los otros, especialmente aquellos que acaban viviendo de la renta de sus desgracias (que muchas veces ellos mismos provocan), no acaben aprovechándose de nosotros sistemáticamente. Por lo tanto, deberemos determinar si la persona que nos viene a contar su problema y nos pide que le ayudemos está, ocasionalmente, pasando por una dificultad. Si es así, no debería nadie tener reparo en ayudarla; comprobará como esta persona se muestra agradecida y tratará de devolvernos el favor en cuanto pueda. Si, por el contrario, responde a una estrategia vital para obtener beneficios de los otros despertando lástima, no tardará en decirnos que su problema se ha agravado y necesita más ayuda. Hay que aprender a diferenciar a una persona en apuros de aquella que hace de sus apuros una cuenta de resultados.

Éstos, y muchos otros, son los problemas que nos podemos encontrar en el trabajo. Como se puede entender, no solamente con jefes que en ocasiones no son muy conscientes de las demandas exageradas o poco consideradas que hacen a sus empleados, sino también con compañeros que no perderán ocasión para obtener una renta añadida a costa de uno. Será muy importante, por lo tanto, estar atento y saber poner en práctica las técnicas que se han ido aprendiendo.

No os preocupéis ahora si pensáis que esto va a ser muy difícil de llevar a la práctica. En el último capítulo veremos, paso a paso, cómo organizar un plan de trabajo específico para cada situación en concreto y, así, ser capaces de cambiar aquellos comportamientos que nos vuelven sumisos y débiles frente a los otros. Antes de ello, sin embargo, veamos otras áreas específicas donde puede ser difícil decir *no* y actuar con la asertividad requerida.

A tu pareja

Si el mundo laboral es un campo abonado para el sometimiento, el ámbito de la pareja lo es todavía más y con mayores complicaciones. Las parejas suelen estar asentadas en patrones de comunicación poco dados a la asertividad, entre otras cosas porque lo que determina los principios reguladores de comunicación es la historia propia de cada sistema (entendiendo la pareja como un sistema de comunicación), y, justamente, el origen de las parejas es el enamoramiento, es decir, un estado desde el cual uno pretende, siempre, de la mejor manera e incondicionalmente, satisfacer al otro. Al principio de toda relación, uno siente las necesidades del otro como prioritarias y las propias casi inexistentes, sin premura por satisfacerlas. Pero ese estado dura poco, apenas unos meses (por desgracia), y, luego, cuando las cosas vuelven a la normalidad, aquello a lo que en un momento anterior dábamos satisfacción y prioridad, deja de ser objeto de atención y llegan los reclamos y los reproches por estar desatendiendo lo que con anterioridad se atendía.

No quiero dividir el análisis y decantarlo hacia el lado femenino o masculino; más bien al contrario, prefiero generalizarlo y entender que, tanto hombres como mujeres acaban reprochando al otro su falta de atenciones así como sufriendo innecesariamente por tener que satisfacer demandas para las que ya no se da la motivación suficiente.

La pareja no debería ser entendida como un lugar de plena satisfacción (satisfacer al otro siempre, es imposible), sino como un espacio donde uno debería mostrarse abiertamente, exponer con la confianza que da la complicidad y la intimidad las propias necesidades y entender que no siempre serán satisfechas, que el otro no está obligado a complacernos en todo momento, que es un individuo también con sus propias preferencias y que, por mucho que nos pese, sus decisiones no tienen que estar constantemente gobernadas por la unidad superior: por la pareja.

Las exigencias ante las que, en muchas ocasiones, nos es difícil negarnos pueden ir desde lo más simple, como no querer ir de compras una tarde y preferir una opción más sedentaria (tarde de fútbol y cerveza en el sofá), como no querer pasar una aburridísima tarde de sábado en el sofá al lado de un marido al que sólo le interesa la cerveza y el fútbol y preferir una estimulante tarde de compras. Este tipo de circunstancias, que no habrían de dar jamás lugar a enfrentamiento alguno, pueden convertirse en auténticos campos de batalla por no saber respetar la individualidad del otro, por partir del falso supuesto de que en pareja hay que hacerlo todo juntos y que siempre hay que llegar a acuerdos compartidos. Pues no, señor, es posible entender el ámbito de la pareja aceptando que la vida propia, al margen del otro, no sólo es saludable sino que ayuda enormemente al equilibrio.

Otras demandas pueden ser algo más exigentes, pues nuestra pareja puede querer que dejemos nuestro trabajo para coger otro (en el que supuestamente ganaríamos más dinero, o en el que podríamos disponer de más tiempo libre) sin tener en cuenta otros elementos difíciles de valorar desde fuera (nivel de realización personal, expectativas de futuro, clima laboral, etcétera). En ocasiones, nuestra pareja nos pide que dejemos de relacionarnos con tal o cual persona, por la que no siente simpatía; o trata de boicotear algunas relaciones en nuestra familia de origen (padres, hermanos, hijos..., que en ocasiones se viven como rivales afectivos a los que hay que mantener alejados).

No debemos dejarnos engañar. Si nuestra pareja nos pide cosas con las que no estamos de acuerdo no debemos ceder, pues ceder hoy significa claudicar mañana, renunciar a lo que nos hace felices, y, sin lugar a dudas, la renuncia lleva a la frustración, y ésta a la rabia, la rabia al odio, y el odio al infierno. Si no queremos que nuestra relación sea una guerra, debemos aprender a decir *no*; deberemos decidir en qué queremos ser complacientes y en qué no, y eso sólo se puede conseguir sobre la base de una comunicación afectiva abierta y honesta.

Por el hecho de que el otro sea nuestra pareja, no estamos obligados a decir siempre *sí*, ni a complacer en todo lo que se nos pida. Obviamente, después de muchos años de relación, puede ser difícil cambiar malos hábitos, pero no imposible. Habrá que empezar por pequeñas cosas, por aquello que nos sea más fácil y provoque menos asperezas, pero lo que está claro es que no debemos seguir haciendo lo que no queremos ni dejando de hacer aquello que en realidad deseamos.

La gran dificultad de las parejas, a la hora de ser asertivos, es que la pareja es un terreno abonado para el chantaje emocional, las pequeñas (o no tan pequeñas) venganzas, el resentimiento, el rencor y otras emociones negativas que dan lugar a actos poco adultos y nada asertivos. No es infrecuente que las relaciones sexuales se conviertan, también, en una vía para castigar al otro, negándolas cuando no somos complacidos o negándosenos cuando no complacemos.

No se puede decir que haya un principio distinto para poner en práctica las técnicas asertivas en el entorno de la pareja, pero sí que por la propia naturaleza de la relación ésta puede añadir ciertas dificultades, aunque también ofrece ventajas. Es de suponer que nuestra pareja es alguien en quien tenemos confianza y con la que compartimos amor, ciertas afinidades y un proyecto de vida en común. Estos elementos deberían facilitar la exposición abierta y no acomplejada de nuestras emociones y deseos. Por lo tanto, no sólo podemos sino que debemos decir *no* a nuestra pareja cuando sintamos que no queremos hacer algo (complacerla en una práctica sexual determinada, compartir nuestro tiempo de ocio en actividades que nos cansan o aburren, cargar con más tareas domésticas de las que deberíamos, comportarnos de tal o cual manera ante personas de su entorno, etcétera).

Obviamente, las técnicas aprendidas (disco rayado, banco de niebla, ignorar, aplazamiento, pregunta constructiva, descripción relacional) serán de mucha utilidad si sabemos ponerlas en práctica adecuadamente. Por el hecho de pasar muchas horas con la pareja, será un terreno propicio para empezar a practicar con ellas, pues, seguramente, serán muchas las ocasiones que tendremos.

En familia

Padres, hermanos, tíos, sobrinos, abuelos, yernos, suegros, cuñados, hijos, primos... No son pocos los parentescos y los grados que nos pueden unir a otras personas. Hay personas que creen que, por el hecho de estar ligados por un vínculo familiar, los otros están obligados a satisfacer sus peticiones. «¡Hombre, somos de la familia!», se suele decir, como si eso lo explicase todo y todo lo justificase. Pues no, señor, dentro del seno de la familia se pueden producir también abusos, demandas injustificadas, compromisos, presiones, e incluso extorsiones. Algunas expresiones así lo muestran: «Eso pasa en las mejores familias», se dice como justificación a conflictos derivados, muchas veces, de la falta de asertividad. La dificultad, como digo, dentro del ámbito familiar, está en superar el supuesto de que uno, dentro de la familia, debe decir *sí* a lo que le pidan, especialmente si la petición proviene de un miembro de la familia con mayor estatus o con un nivel de jerarquía superior (un padre respecto de un hijo, un abuelo con respecto a un nieto, una suegra con respecto a una nuera, o un tío con respecto a un sobrino). Otra dificultad añadida es que, en ocasiones, el grado de compromiso al que uno se somete satisfaciendo ciertas peticiones es muy alto. No es infrecuente, en las familias, que unos miembros avalen a otros ante entidades bancarias y préstamos o hipotecas. Muchos matrimonios han sufrido importantes crisis por peticiones de aval por parte de la familia de uno de los cónyuges, o por peticiones de dinero, cesiones de propiedades o favores para que se pueda colocar laboralmente alguien. Parece ser que la familia está por encima de todo y no satisfacer en tiempo y forma las peticiones realizadas supone una fractura importante de la confianza. Las peticiones pueden ser de muchos órdenes: padres que quieren que sus hijos estudien esto o aquello, que elijan este o aquel otro trabajo, que no salgan con este chico sino con el otro, o que se vistan de una manera determinada (muchas veces sin que haya de por medio criterios educativos claros, y únicamente una concepción del mundo distinta y poco actual es la que determina ciertas exigencias). Asimismo, en dirección contraria se dan algunas exigencias, por parte de los hijos en este caso, que reclaman a sus padres un determinado nivel de vida para comprar ropa de marca, o tener una moto o un coche último modelo. De esta suerte, encontramos padres que se desviven e hipotecan por satisfacer a sus hijos, llegando a endeudarse, por ejemplo, para pagar un banquete de bodas que de otra manera no habrían podido sufragar. No debería uno hacer esfuerzos innecesarios por satisfacer caprichos, pero siempre hay quien no repara en las dificultades y acaba pidiendo la firma a un hermano para pagar el banquete de bodas de un hijo caprichoso que no atiende a razones: «Pues si no puedo tener un banquete como Dios manda, no me caso». Dentro de las familias pueden ser muchas y muy disparatadas las peticiones, que uno tiende a satisfacer por no contravenir los principios de cada relación, y no pocas las presiones para que se acabe cediendo: «¿Cómo les puedes hacer esto a tus padres?», cuando lo único que quiere la hija es emanciparse e iniciar una nueva vida con su novio; «Jamás pensé que me ibas a dejar en la estacada», le dice un hermano a otro que ya no quiere contribuir por más tiempo a los gastos de un negocio que se va a pique; «Me vas a hacer un feo muy grande si no vienes a la boda», se le dice a una prima sin reparar en que su economía no le permite el gasto que eso supone en regalo, ropa y calzado, para ella y su marido y sus dos hijos.

Pero se puede decir *no*, sin necesidad de romper confianza alguna ni herir los sentimientos de nadie. Para ello sólo se necesita una buena dosis de sinceridad, esa que tantas veces nos falta para exponer nuestros motivos clara y abiertamente: «Creo que con veinte años es normal que quiera iniciar una relación formal con mi novio. Sería más fácil para todos si me ayudaseis», «No puedo seguir dándote dinero para algo que se va a la ruina. No te dejo en la estacada; quizá pueda ayudarte de otra manera», «Me va a resultar imposible ir al banquete, pues no nos lo podemos permitir, pero no tendré inconveniente, si no te importa, en ir a la ceremonia». No tenemos por qué enfrentarnos al otro como si sus demandas fueran agresiones. Los otros están en su derecho de pedir, sean familiares o no, y nosotros en el nuestro de negar lo que se nos pide. No sirve de nada decir a los padres: «Vosotros me estáis haciendo la vida imposible, siempre os oponéis a lo que yo quiero», ni a un hermano: «Eres un inútil y todo lo que haces se va al garete. No te voy a dar más dinero para que lo tires», ni a un primo: «Creo que ese día tenemos otro compromiso». No valen las excusas, ni los insultos, ni culpabilizar al otro. Lo que vale es ser honrados y no escondernos detrás de falsas apariencias.

Si uno quiere mantener buenas relaciones con los miembros de su familia, se deberá entender que ellos podrán pedirnos cualquier cosa amparados en el vínculo familiar, que esperarán que les ayudemos, pero también deberán aprender a tratarnos con respeto y a aceptar nuestras decisiones si éstas vienen desde la honestidad y la franqueza, si somos capaces de mostrarnos firmes, no vulnerables a la presión que posiblemente ejerzan.

La familia está para ayudarse, no para presionar. Si los miembros de nuestra familia, sean del grado de parentesco que sean, son incapaces de considerar nuestras decisiones y respetarlas sin presión y sin represalias, deberemos plantearnos el tipo de relación que deseamos mantener con ellos. Por el hecho de ser familia, no tienen el derecho a gobernar nuestras vidas.

A los amigos

Uno debería suponer que la amistad es la más libre de todas las relaciones, pues los amigos se eligen y puede uno desprenderse de ellos con mayor facilidad que de la pareja, por ejemplo, con la que se convive habitualmente, o de la familia, cuyo lazo es inquebrantable y lo será siempre pese a que uno no quiera. Sin embargo, las relaciones de amistad pueden estar sujetas a fuertes desavenencias, abusos, sometimientos, falta de respeto y otras formas de relación poco deseables. Los amigos, los amigos de verdad, con los que uno comparte tiempo, ocio y problemas, pueden llegar a abusar de nosotros si no tenemos la habilidad de parar a tiempo vicios impropios de una relación sana. Tendemos a ser condescendientes por no vernos en la obligación de mostrar nuestro malestar, y así vamos tragando con pequeñeces que van minando la relación hasta hacerla reventar. Es mejor siempre decir lo que uno piensa; éste es un argumento que no me cansaré de repetir, pues esto da la oportunidad al otro de corregir sus errores. No son pocos los reproches del estilo: «Pues no me habías dicho nada», «¿Por qué no me lo habías dicho antes?», «Si tanto te molestaba, deberías habérmelo dicho», cuando le hacemos saber a un amigo que ya no estamos dispuestos a que nos haga esperar media hora cada vez que quedamos con él, que no nos devuelva todo lo que le prestamos, que siempre cambie de opinión a última hora y ya no vayamos a ver la película que habíamos acordado sino de compras, que sólo recurra a nosotros cada vez que necesita que alguien lo lleve al aeropuerto, y tantos otros perjuicios que nos suele causar apoyándose en nuestro conformismo. No debemos ser condescendientes y tener miedo de perder la amistad, pues con los amigos tardones debería uno sentirse en libertad para decirles: «No me gusta estar esperando. Tendrías que hacer un esfuerzo por ser más puntual». Pero, en contra de esto, lo que uno tiende a hacer es pagar con la misma moneda y así legitimar al otro para que la próxima vez vuelva a llegar tarde y deslegitimarnos a nosotros mismos para poder reclamar si se da el caso. Parece que nos cuesta más ser honestos y expresar nuestras emociones que resarcirnos de los pequeños agravios a costa de imitar el comportamiento irrespetuoso del que dice ser nuestro amigo.

Uno debe partir del principio de que los amigos no abusan de uno, que están para cuando se necesitan, que se les puede contar confidencias y, lo más importante, se lo pasa uno bien con ellos. Si se empieza a sentir que no se nos tiene el merecido respeto, que en realidad la relación se basa más en el interés (nuestro dinero, nuestro coche, nuestra moto, nuestro círculo de conocidos, nuestra posición laboral, nuestro círculo de influencias...), habrá que tener muy en cuenta a esa persona a la hora de considerarla amiga nuestra. Aunque algunos creen lo contrario, la amistad, no solamente puede, sino que debe, ser condicional: la amistad debe estar condicionada a que la base de la relación no sea el interés, a que se nos trate con consideración, a que se respeten nuestros tiempos y nuestros bienes, a que no se abuse de nuestra generosidad. No siempre los amigos se comportan de esa manera y, en ocasiones, se exceden apoyándose en la confianza que les brindamos.

Muchas personas, especialmente aquellas que tienen dificultades para socializarse, acaban mostrándose sumisas y complacientes con los que creen sus amigos para no perderlos y no se dan cuenta de que con su actitud servil están desvalorizando la relación: cuando ese amigo poco respetuoso y abusador ya no los necesite o encuentre otro amigo más complaciente o más interesante, no tendrá remordimientos por darnos de lado y dejarnos para una segunda ocasión y compartir los mejores momentos con otros que han despertado un mayor interés.

Si los amigos son de verdad, no pasa nada por expresarles lo que pensamos, aunque nos cueste una discusión; no pasa nada por exponer abiertamente nuestras quejas si así las tenemos. Callar, esperando a que los otros se den cuenta de nuestro malestar o hacérselo entender a través de mensajes cifrados (llegando también tarde, o no devolviendo lo que se nos ha prestado, mintiendo o inventando excusas), será una pésima manera de comunicarnos con personas que deberían cobrar una especial relevancia en nuestras vidas. Para todos es muy importante tener amigos, personas de confianza con las que compartir momentos importantes de nuestra vida. Los amigos son esos a los que llamamos de inmediato en cuanto algo significativo nos ocurre en la vida, y lo son de verdad si nos respetan y los respetamos. Si una amistad es auténtica, no va a presentar dificultades a la hora de que mostremos nuestro malestar. Si un simple *no* merma la frecuencia de los encuentros, o adelgaza su calidad; si las caras, después de haber reclamado que no se abuse de nuestro tiempo, se vuelven largas y rancias; si las sonrisas no son ya tan espontáneas después de haberle negado el coche, deberemos pensar que ésa no es una amistad verdadera. Hay quien confunde la amistad con el derecho incondicional a disfrutar de las posesiones del otro. «¿Podrías dejarme las llaves del apartamento para la semana que viene?», nos pueden llegar a decir, cuando sabemos que no va a ser posible, o simplemente no queremos tener que llegar luego a limpiar lo que otros han ensuciado. No deberemos, tampoco, ceder a la presión, pues el amigo que presiona no es amigo; ni ceder si se nos pretende hacer sentir culpables por nuestras decisiones. La sensación de libertad es el mejor indicador de salubridad de toda relación amistosa, pues ésta, por ello, no estará falta de compromiso. Las amistades hay que cuidarlas, son un tesoro en estos tiempos de valores volátiles y materiales. Un buen amigo es lo mejor que nos puede pasar en la vida. Si creemos que trata de abusar de nosotros, no lo permitamos; quizá sea la mejor manera de conservarlo.

Uno ha de sentirse con plena libertad al pedir, negar o conceder lo que sea a sus amigos. Si es así, la amistad, puede estar uno completamente seguro, será auténtica y verdadera. Pero si sentimos reparo al pedir, obligación al conceder o miedo al negar, esa amistad no nos estará aportando lo mejor que los amigos pueden llegar a darnos.

A tus clientes

En las relaciones con sus clientes, muchos empresarios y comerciales no saben decirles *no* por miedo a perderlos. Ésta es la principal razón por la cual no se establece una relación basada en la honestidad, pues se da siempre el sí como respuesta cuando, en muchas ocasiones, es imposible satisfacer las peticiones que nos han realizado. El riesgo, por tanto, a la hora de perder un cliente, será mayor si le creamos falsas expectativas que luego no se podrán cumplir que si de entrada negamos aquello que no podrá ser satisfecho.

Obviamente, este tipo de comportamiento aquiescente es más propio de las pequeñas y medianas empresas o de comerciales que mantienen estrechas relaciones personales con sus clientes. El cliente siempre quiere más y mejor, nunca le va a servir lo que se haya hecho por él en el pasado, pues las necesidades del momento se impondrán siempre sobre cualquier valoración actual. Si un cliente necesita una mercancía para el lunes a las ocho de la mañana y nos hace el pedido el viernes a última hora, es posible que nuestra palabra no sea suficiente para que la mercancía esté lista en tan poco tiempo. Los clientes exigen porque pagan, pero no debería uno dejarse someter por ese principio. Un buen cliente tiene derecho a exigir de nosotros lo mejor: servicio, eficiencia, honestidad, capacidad resolutiva, implicación. Por lo tanto, no se deberá confundir la voluntad de servicio con el servilismo, que tantos quebraderos de cabeza da a comerciales y empresarios. Un buen empresario sabrá reconocer cuándo un cliente está en un apuro y cuándo sus urgencias proceden de una mala organización; y sabrá si sus servicios o mercancías le podrán llegar a tiempo. Hay empresarios que también aprovechan los momentos de debilidad de sus clientes para imponerles precios abusivos, sabiendo que al cliente no le quedará más remedio que aceptarlo. Esta vía jamás creará una base sólida para la comunicación en el futuro, pues el cliente se dará cuenta del abuso aunque en ese momento no le quede más remedio que aceptar nuestras condiciones.

Normalmente, un buen cliente se mide por una ecuación muy sencilla: consumo por tiempo. Cuanto mayor tiempo esté un cliente con nosotros y mayor sea su consumo en nuestra empresa, mejores serán los resultados a largo plazo. Será muy importante saber fidelizar a los clientes, y dicha fidelización vendrá siempre del lado de la confianza: si un cliente confía en nosotros, estará con nosotros. El cliente nos abandona cuando la confianza en nuestro trabajo se rompe; buscará entonces nuevos proveedores donde satisfacer sus necesidades.

Por ese motivo, la honestidad será el principal cimiento que jamás deberemos traicionar y eso nos llevará a tener que decir *no* si es necesario.

Cuando alguien pretende hacer feliz a todos sus clientes, actuales o potenciales; cuando cree que un cliente siempre tiene razón, en todo lo que exponga o pida; cuando no valora el esfuerzo necesario para satisfacer las peticiones, muchas veces caprichosas y poco realistas; en definitiva, cuando uno parte de la premisa de que, pase lo que pase, hay que satisfacer en todo cuanto se nos pida, estará cayendo en el síndrome de Disney. La factoría Disney pretende, con sus enternecedores muñequitos, hacer que todo el mundo se sienta feliz. Ése no es el caso de una empresa, donde uno debe tener muy claro qué servicios presta, cuál es el tipo de cliente que interesa y cuáles son las peticiones razonables que caen dentro del abanico de servicios y productos que la empresa comercializa.

Los riesgos de querer satisfacer siempre y a toda costa son altos, pues uno pondrá su palabra en juego como garantía de acciones que no estarán plenamente en sus manos; el cansancio de hoy no nos dejará trabajar adecuadamente mañana; si no se consigue lo que se le había prometido al cliente, nuestro estado de ánimo se verá afectado por el derrotismo y la frustración, también por la culpa por no haber sido suficientemente previsores; nuestras relaciones con los compañeros podrán verse empañadas por nuestra actitud y, lo que es peor, estaremos desatendiendo a otros clientes por haber colocado todos nuestros esfuerzos en una tarea para la que no había garantías de sacar algo en claro.

Si sabemos decir *no* a tiempo, no derrocharemos esfuerzos inútiles, el cliente sabrá que somos honestos y que no nos comprometemos con aquello que no podemos cumplir y, lo que es más importante, le estaremos dando al cliente la oportunidad de que busque otras alternativas para cubrir sus necesidades. Si un cliente confía en que le resolvamos un problema pero, finalmente, ese problema no se le resuelve, habremos perdido el cliente para siempre.

Muchas de estas actitudes serviles y sumisas con clientes que todo lo piden, a cualquier hora, de hoy para mañana, sin tener en cuenta la previsión necesaria y con una exigencia desmesurada, nacen de la inseguridad, de la poca confianza del empresario en su propio proyecto. Si un empresario tiene miedo a perder un cliente, es porque cree que otro le puede ofrecer el servicio mejor. Por el contrario, si uno cree en su propio servicio o producto, si uno sabe que lo que comercializa es de calidad y su precio es justo y competitivo, podrá, sin ningún problema, decir *no* y justificarlo adecuadamente, y sabrá que no perderá el cliente porque le diga que no a peticiones que no estén dentro de la órbita de los servicios que se prestan.

A la hora de decir *no* será muy importante que el cliente sepa por qué se le deniega lo que pide. En muchas ocasiones será por falta de antelación en el pedido, en otras porque el precio que nos pide no estará dentro de los márgenes entre los que nos manejamos, o porque el producto o servicio no forme parte del repertorio de servicios que nuestra empresa presta. También es posible que el cliente pida con el tiempo suficiente un producto que sí comercializa nuestra empresa y no pretenda conseguirlo a un precio menor del que le ofertamos y sea necesario decir *no*. Toda empresa tiene un límite de productividad; si la empresa está a tope, será necesario decir *no* y permitir que el cliente valore otras opciones.

Un *no* seguro, meditado, razonable y dicho a tiempo puede ser la puerta de entrada para un nuevo cliente en el futuro, para la fidelización de uno que ya tenemos y, lo que es seguro, será siempre una puerta cerrada a los problemas.

De forma inversa, si uno es el cliente, por todo lo anteriormente expuesto, no debería fiarse mucho de un comercial o de una empresa que a todo nos dice *sí*, que jamás repara en las dificultades y al que no le importa comprometerse con cualquier cosa por mucho que le pidamos.

Seamos razonables: decir «siempre» *sí* sólo es garantía de que, antes o después, no podremos cumplir con la palabra.

Ante la Administración y organismos oficiales

A nadie le gusta parecer tonto o poco resuelto cuando debe atender requerimientos de la administración pública, ya sea Hacienda, la Seguridad Social, la policía, el ayuntamiento, etcétera. Por este motivo, muchas personas acaban complicándose la vida por no manifestar abiertamente, esto es, con asertividad, sus dudas y recelos ante eventualidades que, con toda probabilidad, les acarrearán compromisos contractuales ante los que luego no podrán desdecirse si surgen problemas y desavenencias que podrían acabar resolviéndose en los tribunales. En realidad, es una actitud que no solamente se da ante la Administración, sino ante cualquier establecimiento público en el que uno lleve a cabo una gestión, adquiera un bien o un servicio o, simplemente, compre un producto. Nos parece entonces, ante esa persona que nos atiende, que sería una desconsideración hacia ella y su trabajo andar indagando en cosas que no entendemos bien. Por eso hay quien prefiere callar y no manifestar dudas y recelos que, expuestos con naturalidad, nos evitarían graves consecuencias en el futuro. Seamos consecuentes: uno ha de tener muy claro lo que firma y para qué da su consentimiento si luego no quiere tener que lamentarse.

También es posible que se nos pida información que creamos que no es relevante, como por ejemplo, el DNI.

Mucha gente pone su DNI en el currículum, cuando no hay ninguna necesidad, ya que el DNI sólo es necesario en caso de que se nos quiera hacer un contrato de trabajo. No es menos frecuente que en las entrevistas de trabajo se nos pregunte por aspectos de nuestra vida social o familiar, y se quiera, en definitiva, saber demasiado, o que incluso nos pregunten por cuestiones que afectan a nuestra intimidad («¿Es usted fumador?», «¿Tiene novio?», «¿Está casado?»); es normal que el empresario quiera conocer al máximo a la persona que va a contratar, pero también es cierto que cierta información sólo puede ser relevante ante el interés real por contratarnos, es decir, en una segunda o tercera entrevista, no en un primer contacto en el que, por descontado, lo que interesa de verdad son las capacidades y habilidades, así como la experiencia, de ese trabajador para desempeñar las funciones propias del puesto de trabajo. Parece ser que, por el hecho de encontrarnos ante una empresa, un banco, una oficina del ayuntamiento, debamos decir a todo que sí y no preguntar nada cuando, en realidad, son cuestiones muy importantes las que están en juego.

Superar estas reticencias no es fácil, especialmente si uno está acostumbrado a comportarse de esta manera. Pero será crucial que empecemos a desprendernos de la vergüenza y de querer parecer mejor informados de lo que en realidad estamos si no queremos caer en la torpeza de comprometernos con los ojos vendados. Luego, vendrán, si no, las típicas excusas del «Yo no lo sabía» o «Yo creía que» o «Pensaba que no era así». Obviamente, las personas que han sufrido un escarmiento acaban luego no fiándose de nadie, y parecer algo torpes les parece un mal menor ante el peligro que puede resultar de no preguntar.

Lo mejor del caso es que, además, las personas que más preguntan, que mayor interés muestran en los pormenores ante cualquier requerimiento de la Administración, o ante las cláusulas poco mencionadas de los contratos bancarios o con una compañía de seguros, o ante la empresa que debe llegar a casa a realizar una reforma, son las que demuestran mayor competencia para este tipo de asuntos, pues saben que en los pormenores es de donde pueden venir luego las divergencias y que no hay que dar nada por sentado o por sabido.

Tomemos conciencia de ello: es mejor aparentar cierta ingenuidad que pasarse de listo mostrando seguridad ante cuestiones que no están del todo claras o uno desconoce. Si tienes dudas, pregunta, obliga siempre al que desempeña la función de experto a que te informe de cuanto sea necesario, pues es la mejor forma de aprender (la otra, a través del escarmiento, no es muy recomendable).

Ante desconocidos

Cuando nos encontramos ante personas que no conocemos de nada, que nos abordan en la calle pidiéndonos que firmemos un papel, que apoyemos tal o cual causa, que les demos limosna, que les compremos un paquete de Kleenex, que atendamos a sus explicaciones sobre cómo salvarnos del fin del mundo, debemos aprender a mostrarnos firmes y confiados para decir *no*. En ocasiones estas personas se nos presentan a la puerta de casa, pidiéndonos que les dejemos pasar, aprovechándose de nuestro tiempo y de nuestra bondad. No son pocos los que, ante estas situaciones, se sienten obligados a acabar cediendo frente a la insistencia de estas personas perfectamente entrenadas para acabar con nuestra resistencia, para doblegarnos desde su terquedad y así las escuchemos y nos apiademos de sus necesidades. Hay quien no sabe impedir que le llenen el parabrisas del coche con agua sucia y se lo dejen, si cabe, peor de lo que estaba a cambio de unas cuantas monedas que no sabrá denegar. El mundo, y especialmente las grandes ciudades, está lleno de gente avispada que ve en la infinita bondad de los otros un campo abonado para llenar sus bolsillos con total impunidad. No quiero decir con esto que no haya gente necesitada que se vea en la obligación de pedir y buscarse la vida de la manera más humilde, o indigna incluso, pero tampoco hay que estar ciego ante esta realidad.

Recuerdo un caso no muy lejano en el que una joven de pelo largo y trenzado hasta la cintura, con una blusa blanca y una falda larga llena de volantes pedía sentada a las puertas de un supermercado encarnando con su rostro compungido la viva imagen del calvario. La chica, que no debía de superar los quince años, me pidió (como al resto de transeúntes) unas monedas al entrar a hacer la compra. No puedo decir qué fue lo que me conmovió, pero no es menos cierto que, a la salida, después de haber pagado la cuenta, reservé unas monedas para dárselas. Ella agradeció mi gesto sumisamente y yo continué mi recorrido. Otros días la vi y, con total libertad, pues pensé en todo momento que su necesidad era auténtica, volví a darle limosna.

Días más tarde, cuando iba a visitar a un amigo, encontré a un grupo de jóvenes que fumaba y conversaba amigablemente frente al portal de su casa. Al principio no reparé en ellos, no de manera individual, pues serían unos seis o siete jóvenes que no llamaban la atención en absoluto, excepto porque me impedían con su presencia el paso por la acera. Al llegar hasta ellos (esperando que se apartaran), tuve que pedirles que me dejaran pasar y, con la cara algo torcida, una chica murmuró algo entre dientes. Fue entonces cuando individualicé a unas de las chicas y reconocí en su rostro a la mendiga de la puerta del supermercado. Me costó reconocerla, pues su pelo ya no estaba trenzado, ni tenía la cara tiznada por trajinar en las calles ni su rostro despertaba ya pena. Su pelo estaba suelo, sus labios pintados, su tez maquillada y toda su vestimenta era de diseño: un top dejaba al descubierto sus hombros y ombligo, sus zapatillas deportivas eran sin duda de marca, seguramente igual que los tejanos ajustados con los que se había liberado de todo vestigio étnico. Ella me miró un instante aunque probablemente no me reconoció (al fin y al cabo no debe de memorizar la cara de todo aquel que le acaba dando una limosna). De lo que sí estoy seguro es de la desagradable sensación que me quedó al darme cuenta del teatro del que había sido víctima. A los pocos días volví a verla a la entrada del supermercado, pero ya no caí en el engaño.

Con el anterior ejemplo quiero dejar claro que ante los desconocidos nos resulta más difícil y engañoso saber hasta qué punto la demanda que se nos hace está sustentada en una necesidad real o en una pura representación teatral digna del mejor galardón. Lejos de creer haberlo visto todo, cuando subí hasta el piso de mi amigo y le conté lo que había descubierto, aún me dejó más perplejo con su propio relato. La familia de la chica en cuestión (que no tardó en identificar en cuanto se la describí) vivía en un piso en el mismo barrio, y me contó que la madre tenía una herida abierta en una pierna que le supuraba habitualmente. En una ocasión él la reconoció en el metro y le ofreció llevarla a un hospital mientras ella, con la mano tendida, pedía dinero sobre unos cartones. La mujer se negó en redondo: «¿No ve que esto es mi comida?».

Por lo tanto, ante un desconocido debemos estar muy seguros de que la necesidad que nos muestra es auténtica antes de acabar comportándonos como buenos samaritanos.

En otras ocasiones, no es lástima lo que pretenden despertar en nosotros para conseguir sus objetivos. La pillería, como es sabido, está siempre al acecho. Quien más y quien menos habrá sufrido el discurso taladrante de un vendedor que nos aborda en la estación de tren, aprovechando nuestra espera, y nos ofrece cualquier artilugio sacado por algunos céntimos en los supermercados: pañuelos de papel, encendedores, bolígrafos, etcétera. Ante la insistencia, y con tal de quitárselos uno de encima, se acaba cediendo y se les compra por puro aburrimiento. Nada de malo habría en ello si lo hiciéramos voluntariamente y sin presiones; lo peor es que no es así, y luego nos sentimos mal por haber acabado cediendo.

Lo importante es que, ante estas situaciones, sepamos reaccionar adecuadamente y no nos veamos obligados a conceder lo que se nos pide. Normalmente, si esto nos pasa mientras caminamos, solemos acelerar el paso y decir *no* mientras nos alejamos. En realidad, la persona no está diciendo *no* ante la petición, sino que está huyendo de ella. El problema de este tipo de reacción es que, cuando no podemos acelerar el paso, cuando no podemos huir porque estamos sentados en un banco o alguien se nos planta a la puerta de casa, y no queremos darle con ella en las narices, nos cuesta horrores salir airosos de la situación.

No obstante, los desconocidos no tienen por qué ser limosneros o vendedores ambulantes siempre; un desconocido puede ser también un amigo de tu amigo, el familiar de un compañero de trabajo, o cualquier persona con la que empezamos a tratarnos y con la que, en un primer momento, nos puede resultar difícil expresarnos espontáneamente, tal y como somos. Ésta es una reacción normal en casi todo el mundo, pues ante las personas que no conocemos es natural que nos mostremos precavidos o algo tímidos al principio, hasta que sepamos cómo es esa persona, cuáles son sus opiniones y reacciones, cómo se expresa y si es merecedora de nuestra confianza. Es natural, por tanto, que pretendamos interpretar sus intenciones o adivinar sus necesidades e intereses. Habremos de cuidarnos muy mucho de aquellas personas que se muestren agresivas y con tendencia a someter a los demás. Pero, como ya hemos dicho al principio, los perfiles extremos no son tan frecuentes y la mayoría de personas permitirán un trato fácil. Aun así, debemos ser conscientes de que tenemos derecho a expresarnos tal y como somos y no tener miedo a decir lo que pensamos.

Para poder llegar a este estado interior de seguridad, es necesario trabajar, ser conscientes de los derechos que nos asisten y ponerlos en práctica. A conducir se aprende conduciendo, y a ser asertivo se aprende siéndolo. Obviamente, cada cosa tiene su proceso y, de la misma manera que cuando queremos sacarnos el carné de conducir asistimos a clases teóricas y aprendemos una serie de conceptos que luego pondremos en práctica, a ser asertivos lo aprenderemos también interiorizando una serie de conceptos (como los que se han ido desarrollando en este libro) y, obviamente, también poniéndolos en práctica: visto está que ocasiones no nos van a faltar. Para ello te invito a que sigas leyendo y pases al siguiente capítulo, un curso preciso y práctico de cómo empezar a desarrollar la comunicación asertiva desde lo más básico hasta lo más complejo.

Recuerda que tú tienes el derecho a decir *no* ante lo que no estés convencido, ante lo que te haga dudar, ante lo que no quieras hacer. Sólo hace falta que salga de tu boca, que sea firme. Si aprendes a utilizar tus derechos, los que te asisten como persona y te pertenecen, nacerá dentro de ti un poder infinito, una fuerza que te dará estabilidad y con la que podrás controlar tu vida, te llenarás de una tranquilidad que te dará seguridad interior y aplomo exterior.

PROGRAMA PARA MEJORAR
LA ASERTIVIDAD

Ha llegado la hora de empezar a poner en práctica todo lo que se ha aprendido, empezar a cambiar aquellas conductas que nos impiden desarrollarnos plenamente como personas, empezar a decir *no* y, no os voy a engañar, no va a ser fácil. Uno debe responsabilizarse de su vida y tomar el compromiso de coger las riendas de su propio camino, de sus propios actos.

Para lograr el cambio, no va a haber secretos ni fórmulas mágicas, va a haber trabajo disciplinado, conciencia de adónde se quiere llegar y un método claro, conciso y perfectamente estudiado para conseguirlo. Por eso te invito a que te comprometas con el programa que a continuación te va a permitir ser una persona más segura e independiente, más alegre y más feliz por los pequeños logros que irás consiguiendo. Roma no se hizo en un día. Tampoco tú vas a conseguir los cambios de manera inmediata y sin dificultades.

La principal dificultad, el más importante escollo que hay que salvar, es la reticencia. Seguramente te preguntarás: «¿Realmente puedo convertirme en una persona más asertiva, que sepa defender sus derechos y mejorar la forma en que me comunico con los demás?». La respuesta es *sí*, sin duda alguna.

Aunque al principio no lo veas claro y pienses que este tipo de cosas les funcionan a los otros pero no a ti, el cambio se irá consolidando si tienes paciencia y no desesperas. En todo proceso de cambio hay sufrimiento, pues deberás exponerte a situaciones que ahora aún evitas. Siempre es más fácil mirar para otro lado y no confrontar las dificultades que uno tiene. Pero yo te animo a que, ahora que has aprendido ya tantas cosas y que algo en tu interior ha cambiado, sigas adelante. Digo que algo ha cambiado en ti porque ahora tienes conciencia de que hay áreas que no funcionan adecuadamente, de que hay personas ante las que te inhibes y dejas que saquen partido de tu tiempo, de tu esfuerzo, de tus bienes, de tu confianza; de ti, en definitiva. Una pequeña luz se ha encendido en tu interior porque sabes que existe la posibilidad de cambiar, de hacer las cosas de otra manera, pero también existe la duda de saber si podrás conseguirlo. Ésa es la primera dificultad que hay que salvar. Dicen que la fe mueve montañas. No tienes que mover montaña alguna, pero sí debes tener fe en ti mismo, creer en tus posibilidades, que son muchas, y no abandonar ante los primeros fracasos, que también vendrán. Todo será cuestión de resistencia, de tenacidad, de creer en uno mismo para que el programa vaya dando sus frutos, paulatinamente, despacio, pero sin interrupciones.

Llénate de optimismo porque tienes la herramienta en tus manos.

El programa que te presento a continuación es un sistema organizado en varias fases. Primero deberemos identificar en qué situaciones tenemos problemas, de una manera general, sin entrar en precisiones, y luego ver qué es lo que impide exactamente que te muestres tal y como eres: ¿es la ansiedad que no te deja ni hablar, o es que no sabes ni por dónde empezar a la hora de reclamar tus derechos? Quizá sea que crees cosas que no son ciertas de manera tan determinante que ni te planteas que te comportarías de una forma distinta si no las creyeses o creyeses lo contrario. Como ves, primero tendremos que saber dónde hay que atacar y luego ver exactamente de qué manera. Es como el médico que ante el enfermo pregunta: «¿Dónde le duele?». El enfermo dirá aquí o allá, e indicará dónde tiene localizado el dolor, pero luego habrá que determinar de qué tipo es el dolor y cuáles podrían ser sus causas para poder hacerle frente.

El programa, como veremos, nos irá llevando poco a poco a un grado de conciencia mayor sobre los errores que cometemos, sobre cómo los cometemos y cuándo y, así, precisando exactamente en cada caso cuál es la naturaleza de nuestra inhibición y sumisión, iremos asentando las bases para el cambio.

En este apartado previo quiero hacer hincapié en las dificultades que puede tener el programa. Por esa razón he mostrado la falta de motivación como uno de los principales escollos (pues será mucha y continuada la motivación necesaria para que el programa tenga éxito) o la falta de convicción de que, al final, se puedan conseguir resultados satisfactorios. Obviamente, una cosa determina la otra, pues si uno cree que algo va a funcionar, estará fuertemente motivado para llevar a cabo cuantas tareas sean necesarias por muy arduas que sean. Pero, además, existen otros problemas de los que hay que hacer advertencia previa, pues vendrán justamente de la dirección contraria: habrá quien tenga mucha fe en el programa y esté fuertemente motivado, y así es fácil que surjan las prisas y las ganas de que todo funcione cuanto antes. No serán buenos los derrotismos como tampoco lo serán los entusiasmos exacerbados, pues estos últimos, como todo exceso de confianza, nos llevarán a ser poco precisos y a cometer errores, por las ganas de conseguir resultados cuanto antes.

Por tales razones, una convicción fuerte de que vamos a lograr lo que nos proponemos nos motivará suficientemente para que pongamos el programa en práctica, pero sin caer en euforia alguna, algo que sólo nos conduciría al fracaso.

Hagamos las cosas paso a paso. Tenemos mucho tiempo para lograrlo. ¿Cuánto tiempo? El que cada uno necesite. No hay que hablar de tiempos, pues cada uno tendrá el suyo, sujeto a sus condiciones. Habrá comportamientos fáciles de cambiar y que podremos controlar en pocos días; otros nos pueden llevar meses o incluso años, dependiendo de las dificultades.

Seamos pacientes, pues detrás de la paciencia está la virtud y la necesaria tenacidad para conseguir los logros. Seremos la gota de agua que, incansable, acaba agujereando la roca.

¿Dónde fallo? Identificación de las situaciones problemáticas

Lo primero que se tiene que hacer es una simple lista de aquellas situaciones en las que sentimos que tenemos problemas. No es necesario que la lista sea, de entrada, exhaustiva. No vamos a hacer ninguna valoración al respecto. Simplemente, coge lápiz y papel e identifica esas situaciones en las que te sientes cohibido, con miedos, con dificultad para expresarte o para reclamar algo a lo que tienes derecho. Piensa en esas situaciones en las que te gustaría decir *no* y acabas cediendo o aceptando sin que en realidad quieras. Si has sido una persona aplicada y has seguido mis recomendaciones, a estas alturas habrás seguido las instrucciones dadas en la página 59, relativas al autorregistro de conducta asertiva. Si es así, en estos momentos ya contarás con una valiosa información respecto de las situaciones ante las que tienes problemas. Revisa cada uno de los registros efectuados y utiliza esa información para elaborar la lista. Es posible que algunas situaciones ante las que tengas dificultades no estén en el autorregistro, simplemente, porque no han llegado a producirse. Lo importante es que en la lista esté todo lo que creas que deberías cambiar, tanto si lo has registrado ya como si no; cuanto más extensa sea la lista, mejor; no te entretengas en valorar nada de lo que pongas, pues eso vendrá luego. Un ejemplo de lista podría ser el que se da en la tabla 7.

De momento ya tenemos una lista de situaciones en las que hay dificultades. La lista, como ya he dicho, no tiene que ser definitiva, pues a ella podremos ir añadiendo otras situaciones en las que no hayamos pensado hasta ahora. Lo importante es tener la lista presente y, si detectamos nuevas circunstancias ante las que tenemos problemas, apuntar todo lo que en verdad nos dificulte la comunicación con los otros.

Tabla 7. Lista de situaciones problemáticas

Situaciones problemáticas

Cuando Paco, mi cuñado, me pide el coche.

Cuando quedo con mi amigo Julio. Él siempre elige adónde debemos ir.

Julio hace tiempo que tiene dos discos míos y me da reparo pedírselos.

Cuando mi padre me dice que debería cambiar de trabajo. No me gusta que me lo diga y siempre me callo esperando a que me deje tranquilo. Si le llevo la contraria, acabamos enfadados por culpa de sus gritos.

Mi hermana sigue creyendo que me encantan los macarrones que hace y no sé cómo decirle que no me gustan nada.

Decirle a alguien en el cine que se calle si está molestando.

No me gusta que Quique, mi compañero, se vaya antes del trabajo y me deje a mí siempre la tarea de recogerlo todo.

No suelo expresar lo que siento cuando salgo con el grupo de amigos de Julio. Ante cualquier tema de conversación me da miedo meter la pata; todos parecen más listos que yo.

La vecina de arriba llega todos los sábados a las tantas y me despierta con el ruido de los tacones. No para de andar por todo el piso con ellos puestos a las cuatro de la madrugada, hasta que se acuesta.

Ha entrado una chica nueva en la oficina. Me gusta mucho y creo que yo le gusto, pero no sé ni cómo dirigirme a ella cuando la veo. Me pongo muy nervioso y acabo esquivándola siempre.

Con mi jefe siempre tengo que aguantar sus bromas pesadas y sus burlas acerca de mi aspecto físico.

En caso de haber iniciado ya el autorregistro antes de empezar la lista, será interesante ver cuántas de las ocasiones registradas coinciden con la lista efectuada, pues es probable que algunas de las situaciones problemáticas se nos presenten muy poco o casi nunca.

Hasta el momento, lo único que hemos hecho es enumerar las situaciones en las que tenemos problemas, pero no sabemos, todavía, exactamente qué es lo que nos impide comportarnos adecuadamente. Para ello, deberemos recurrir al autorregistro si ya lo hemos iniciado, o iniciarlo en caso contrario. También podemos plantearnos analizar cada una de las situaciones para ver si lo que en realidad nos impide expresar lo que pensamos es la ansiedad, o que no sabemos cómo comportarnos exactamente (nos faltan habilidades y recursos), o son algunas creencias que nos limitan las que deberíamos revisar (como, por ejemplo, el miedo a herir a los otros).

Volvamos, por lo tanto, a la lista, pero esta vez vamos a anotar también las razones que nos llevan a considerar la situación en cuestión como problemática (tabla 8).

Tabla 8. Razones por las que se tienen dificultades
y su categorización en función de su naturaleza ansiosa,
basada en las creencias o en la falta de recursos

Situaciones problemáticas	Razón	A	C	R
Cuando Paco, mi cuñado, me pide el coche	No quiero que se lo tome a mal		X	
Cuando quedo con mi amigo Julio, él siempre elige adónde debemos ir	Creo que si le contradigo dejará de quedar conmigo		X	
Julio hace tiempo que tiene dos discos míos y me da reparo pedírselos	No quiero que piense que no me fío de que no me los vaya a devolver		X	

Tabla 8. Razones por las que se tienen dificultades y su categorización en función de su naturaleza ansiosa, basada en las creencias o en la falta de recursos (*continuación*)

Situaciones problemáticas	Razón	A	C	R
Cuando mi padre me dice que debería cambiar de trabajo. No me gusta que me lo diga y siempre me callo esperando a que me deje tranquilo. Si le llevo la contraria, acabamos enfadados por culpa de sus gritos	Mi padre es muy tozudo y siempre acaba gritando cuando se le lleva la contraria	X		X
Mi hermana sigue creyendo que me encantan los macarrones que hace y no sé cómo decirle que no me gustan nada	Es muy sentida y sé que, si le digo, algo se va a disgustar		X	X
Decirle a alguien en el cine que se calle si está molestando	Me pongo muy nervioso, me late deprisa el corazón y luego estoy toda la película pensando en lo que he dicho	X		
No me gusta que Quique, mi compañero, se vaya antes del trabajo y me deje a mí siempre la tarea de recogerlo todo	No quiero tener enfrentamientos en el trabajo	X	X	

Tabla 8. Razones por las que se tienen dificultades y su categorización
en función de su naturaleza ansiosa, basada en las creencias o en la falta
de recursos (*continuación*)

Situaciones problemáticas	Razón	A	C	R
No suelo expresar lo que siento cuando salgo con el grupo de amigos de Julio. Ante cualquier tema de conversación me da miedo meter la pata; todos parecen más listos que yo.	Siento que voy a hacer el ridículo y prefiero callarme. Me siento inseguro	X		
La vecina de arriba llega todos los sábados a las tantas y me despierta con el ruido de los tacones. No para de andar por todo el piso con ellos puestos a las cuatro de la madrugada, hasta que se acuesta	Me pongo muy nervioso al pensar que tengo que llamarle la atención; además, creo que, si le digo algo, todavía lo hará peor	X	X	
Ha entrado una chica nueva en la oficina. Me gusta mucho y creo que yo le gusto, pero no sé ni cómo dirigirme a ella cuando la veo. Me pongo muy nervioso y acabo esquivándola siempre	Me entra pánico sólo de pensar que podría decir lo que siento. Además, no sabría ni cómo reaccionar si me rechazase	X		
Con mi jefe siempre tengo que aguantar sus bromas pesadas y sus burlas acerca de mi aspecto físico	Supongo que con los jefes hay que aguantar		X	

Como se puede apreciar en la tabla 8, las razones esgrimidas se han clasificado en función de si los problemas obedecen a la ansiedad que nos genera tener que enfrentarnos a la situación en concreto (A), si el problema tiene que ver con una creencia falsa (C), o si el problema tiene que ver con una falta de recursos (R), pues no sabemos qué hacer, ni qué decir, ni cómo. Es posible también que el problema tenga que ver con alguna combinación de las anteriores.

Por último (este paso es crucial, y habrá que prestarle especial atención), habrá que ordenar, de menor a mayor, las situaciones en función del grado de dificultad que entrañan. Es muy importante, como digo, que las situaciones estén bien ordenadas porque cada una de ellas será abordada según el nivel de dificultad que presente y no se pasará a la siguiente hasta que no hayamos controlado la anterior (es lo que se denomina *aproximación progresiva*). Para ordenarlas, lo mejor será establecer los límites, es decir, determinar cuál de todas ellas es la que ofrece menor dificultad, y cuál, mayor dificultad. Una vez tenga uno claras estas dos situaciones que marcan los límites del rango, buscaremos un punto medio, una situación que creamos que tiene una dificultad media. Luego, cada situación la colocaremos en medio de las dos que mejor la comprendan, es decir, cada situación será evaluada respondiendo al siguiente principio: es más fácil que ésta pero más difícil que la otra. La cuestión a la hora de evaluar cada situación será compararla adecuadamente para colocarla en el sitio correcto. Para nuestro caso en concreto, el orden quedaría de la siguiente manera:

Tabla 9. Situaciones problemáticas ordenadas por grado de dificultad
a la hora de abordarlas

Situaciones problemáticas	Razón	A	C	R	D
Cuando quedo con mi amigo Julio, él siempre elige adónde debemos ir	Creo que, si le contradigo, dejará de quedar conmigo		X		1
Julio hace tiempo que tiene dos discos míos y me da reparo pedírselos	No quiero que piense que no me fío de que no me los vaya a devolver		X		2
Mi hermana sigue creyendo que me encantan los macarrones que hace y no sé cómo decirle que no me gustan nada	Es muy sentida y sé que, si le digo algo, se va a disgustar		X		3
Cuando Paco, mi cuñado, me pide el coche	No quiero que se lo tome a mal		X		4
No me gusta que Quique, mi compañero, se vaya antes del trabajo y me deje a mí siempre la tarea de recogerlo todo	No quiero tener enfrentamientos en el trabajo	X	X		5
Decirle a alguien en el cine que se calle si está molestando	Me pongo muy nervioso, me late deprisa el corazón y luego estoy toda la película pensando en lo que he dicho	X			6

Tabla 9. Situaciones problemáticas ordenadas por grado de dificultad
a la hora de abordarlas (*continuación*)

Situaciones problemáticas	Razón	A	C	R	D
La vecina de arriba llega todos los sábados a las tantas y me despierta con el ruido de los tacones. No para de andar por todo el piso con ellos puestos a las cuatro de la madrugada, hasta que se acuesta	*Me pongo muy nervioso al pensar que tengo que llamarle la atención; además, creo que, si le digo algo, todavía lo hará peor*	X	X		7
No suelo expresar lo que siento cuando salgo con el grupo de amigos de Julio. Ante cualquier tema de conversación me da miedo meter la pata; todos parecen más listos que yo	*Siento que voy a hacer el ridículo y prefiero callarme. Me siento inseguro*	X			8
Con mi jefe siempre tengo que aguantar sus bromas pesadas y sus burlas acerca de mi aspecto físico	*Supongo que con los jefes hay que aguantar*	X	X		9
Cuando mi padre me dice que debería cambiar de trabajo. No me gusta que me lo diga y siempre me callo esperando a que me deje tranquilo. Si le llevo la contraria, acabamos enfadados por culpa de sus gritos	*Mi padre es muy tozudo y siempre acaba gritando cuando se le lleva la contraria*	X		X	10

Tabla 9. Situaciones problemáticas ordenadas por grado de dificultad
a la hora de abordarlas (*continuación*)

Situaciones problemáticas	Razón	A	C	R	D
Ha entrado una chica nueva en la oficina. Me gusta mucho y creo que yo le gusto, pero no sé ni cómo dirigirme a ella cuando la veo. Me pongo muy nervioso y acabo esquivándola siempre	*Me entra pánico sólo de pensar que podría decir lo que siento. Además, no sabría ni cómo reaccionar si me rechazase*	X		X	11

Como se puede observar en la tabla 9, después de ordenarlas, se constata una relación entre el grado de dificultad y las razones expresadas para explicar dicha dificultad. Las situaciones con menor grado de dificultad se basan en creencias erróneas, pero no están (a priori) implicadas la ansiedad o la falta de recursos para afrontarlas, es decir, la persona simplemente cree que, si se enfrentase a la situación, se producirían reacciones negativas en la otra persona, pero no manifiesta ansiedad por ello ni plantea dificultades en cómo hacerlo. Según escalamos en el grado de dificultad, la ansiedad cobra un papel importante; así, ante las situaciones de dificultad media la persona esgrime tasas de ansiedad elevada para justificar su falta de afrontamiento. También es posible que tenga creencias falsas asociadas, pero no aduce falta de recursos.

Es justamente cuando se da la combinación de ansiedad y falta de recursos cuando las situaciones se tornan inabordables, la persona vive esas situaciones como algo superior, algo que no puede confrontar; primero, porque no sabe cómo hacerlo, y, segundo, porque ante su incapacidad la tasa de ansiedad es tan elevada que los pocos recursos de los que dispone quedan bloqueados.

Por lo tanto, el patrón explicativo sería el siguiente: si uno tiene creencias falsas acerca de las reacciones de los demás o de la posibilidad de herir sus sentimientos, se inhibe de expresar sus propias creencias, no porque no sepa cómo hacerlo. Cuando además la tasa de ansiedad es elevada, la persona no sólo se inhibe, sino que vive las situaciones como amenazantes. Si de forma añadida a la ansiedad, uno cree no tener recursos (o en realidad no los tiene; lo que se denominan *habilidades sociales*), la persona se siente incapaz totalmente de abordar las situaciones que se le presentan.

Por lo tanto, a la hora de abordar una situación que nos presenta dificultades, deberemos conocer exactamente qué es lo que hace que no podamos afrontarla o la afrontemos con malestar.

En ocasiones habrá que trabajar únicamente con las creencias que mantienen ciertos comportamientos, en otras habrá que aprender nuevas maneras de comportarse incorporando recursos nuevos para salir airosos de las dificultades. En muchas de ellas, combatir la ansiedad será crucial para ir cogiendo confianza. Éstos serán los tres frentes que habrá que abordar, cada uno de forma distinta.

Cambiar el chip: la reestructuración cognitiva

En la Edad Media, los pelirrojos eran quemados en la hoguera porque se suponía que su aspecto era fruto de una estrecha relación diabólica con las fuerzas del mal. Hoy esto nos da risa, pero es un hecho cierto que, si se produjera en la actualidad, nos dejaría estupefactos. Hay que tener, por lo tanto, cuidado con lo que uno cree, pues las creencias y los actos están íntimamente relacionados. Quizá el ejemplo nos resulte algo anacrónico, pero todavía existen en nuestros días demasiados prejuicios que nos llevan a comportarnos de manera irracional en muchas ocasiones. Cambiar el pensamiento de alguien, incluso el propio, es algo sumamente complicado, pero no imposible. Hay creencias que nos hacen vivir mejor, en paz con nosotros mismos y con los que nos rodean. Otras, sin embargo, ejercen el efecto inverso en nuestras vidas, nos convierten en seres insatisfechos, recelosos, temerosos, inhibidos, rancios y poco dados al disfrute. Como es lógico, si esto es así, habrá que cambiar el chip.

A lo largo de la vida, muchas son las personas que a nuestro alrededor nos hacen ver las cosas de una u otra manera, nuestra propia forma de pensar está plenamente influenciada por cómo ven los otros el mundo y por cómo adecuamos nuestra manera de pensar a la del resto. Este modo de funcionar es el normal y el habitual; sólo unos pocos son capaces de cuestionar o contradecir el pensamiento dominante y se atreven a expresarlo y a enfrentarse con lo que haga falta. A consecuencia de ello, el mundo avanza y está en constante evolución. En lo particular pasa exactamente lo mismo: las personas no están continuamente revisando su sistema de creencias, entre otras razones porque tener un sistema de creencias firme nos permite funcionar, mejor o peor, pero nos permite desenvolvernos en el mundo. Sin embargo, cuando las cosas no van bien, las personas revisan sus comportamientos y sus pensamientos, aunque no siempre de la manera adecuada. Pero ¿cómo saber si lo que pensamos es correcto? Normalmente, las personas tendemos a creer que lo que pensamos es cierto y no puede ser de otra manera, pero no es así; en la vida hay tantas formas de pensar como mentes pensantes y es posible que uno esté equivocado. Por esa razón debemos revisar nuestras creencias, especialmente cuando no nos permitan desarrollarnos como nos gustaría.

¿Cómo hacerlo? La reestructuración cognitiva es una herramienta muy útil frecuentemente utilizada por psicólogos y psicoterapeutas para ahondar en los problemas de las personas y detectar en qué pensamientos erróneos se basan los comportamientos desajustados y las emociones lacerantes. Su principio de trabajo consiste en cuestionar lo que pensamos, de una manera dirigida, buscar el origen de dichos pensamientos y poder analizarlos con el fin de detectar su irracionalidad y las consecuencias negativas que puedan tener sobre nuestra vida.

Obviamente, no siempre uno va a tener la suerte de contar con un terapeuta especializado al lado para poder hacer un trabajo dirigido de reestructuración cognitiva. No obstante, es posible analizar el propio pensamiento si se siguen las indicaciones adecuadas con el objetivo de revisar nuestras creencias y los principios irracionales que las pueden estar sustentando.

Lo primero que se debe hacer es identificar esos pensamientos que subyacen a ciertos temores y que causan reparo e inhibición en nuestra manera de expresarnos. La mejor forma de identificarlos es escribirlos, pues al exteriorizar el pensamiento a través de la escritura, éste se objetiva, se vuelve un objeto sobre el que trabajar. La herramienta más adecuada para ello será sin duda alguna el autorregistro, pues con dicha herramienta dispondremos de un conjunto de pensamientos vinculados a las situaciones problemáticas (tanto si los pensamientos preceden a la situación, se dan conjuntamente con ella o aparecen después). Por ello os vuelvo a animar a que empecéis vuestro autorregistro cuanto antes. Será la mejor manera de identificar y tener registrados cuantos pensamientos deban revisarse.

Hay que entender que los pensamientos a los que me refiero son convicciones fuertemente establecidas en nosotros, muchas veces no de una manera racional, sino que proceden de meras asociaciones o de conclusiones obtenidas de premisas falsas. Hay personas que se creen unos inútiles porque hay quien perversamente no para de recordárselo, o porque han sacado esa conclusión de alguna experiencia traumática. Si hubiese alguien a su lado capaz de revisar esa creencia, ver en qué se sustenta, y hacerles reparar en la cantidad de cosas que han hecho en su vida y la importancia que tienen, como mínimo dudarían de esa creencia falsa, irracional y que de forma tan negativa determina sus vidas.

Siguiendo este razonamiento, os voy a sugerir algunas estrategias que podréis aplicar vosotros mismos, sin ayuda de nadie o, en algunos casos, con la ayuda de alguien cercano que servirá para contrastar algunas ideas. El objetivo será desenmascarar los pensamientos subyacentes que nos condicionan negativamente; deberemos preguntarnos el porqué de cada creencia, y así podremos ver hasta qué punto lo que pensamos está racionalmente justificado o no. En realidad, son muchas las maneras posibles de revisar nuestro sistema de creencias.

Una de ellas sería imaginar situaciones llevadas al extremo, quizá así caeremos en la cuenta de lo absurdo de nuestro planteamiento; o, simplemente, llevarlas hasta las últimas consecuencias para comprobar que nada catastrófico se va a desprender de ello. Si uno no es capaz, por sí mismo, de revisar y valorar hasta qué punto lo que se piensa puede o no ser adecuado para una determinada situación (también podremos discutirlo con otras personas para que nos den su punto de vista), dispondrá de una herramienta muy eficaz para empezar a cambiar su forma de enfrentarse a la vida. Si con el simple análisis o el contraste de ideas no alcanzamos a flexibilizar nuestro sistema de creencias, siempre será posible, en última instancia, poner a prueba lo que creemos, pues hay ocasiones en las que la mejor manera de salir de dudas es llevar las cosas a cabo. Veamos, para ver cómo se desarrollaría cada una de estas posibilidades, un ejemplo centrado en las respuestas de la tabla 8.

Analiza lo que piensas. («¿Por qué...?»)

«No me gusta que Quique, mi compañero, se vaya antes del trabajo y me deje a mí siempre la tarea de recogerlo todo.

Pero prefiero no decirle nada para no tener enfrentamientos en el trabajo.» Ante esta declaración, es obvio que a la persona no le gusta tenerse que quedar todos los días a recoger, pero prefiere no decir nada. La pregunta sería (si uno mantuviese un diálogo consigo mismo):

—¿Por qué no le dices algo?

—Pues porque no quiero tener un enfrentamiento.

—¿Por qué?, ¿por qué no quieres tener un enfrentamiento?

—No sé, podría acarrearme consecuencias, problemas en el trabajo.

—¿De qué tipo?

—Bueno, Quique se enfadaría si le llamase la atención.

—Que Quique se enfadara sería normal. A nadie le gusta que le llamen la atención, pero eso no sería, en principio, ninguna consecuencia negativa para tu trabajo.

—No, pero no quiero que se enfade.

—Prefieres enfadarte tú y que él no lo sepa. ¿Por qué?

—No es que prefiera enfadarme yo, es que...

—¿Qué?

—Cuando se enfada se pone un poco violento.

—¿Te da miedo?

—Supongo que un poco sí.

En realidad, el problema no es que no quiera que Quique se enfade; el problema es que tiene miedo al enfrentamiento; la creencia en este caso era una simple excusa para no definir exactamente la naturaleza del problema. En este caso la solución al problema no debería ser «evitarle un enfado a Quique»; la solución debería buscarse mirando de

superar el miedo a la hora de enfrentarse a su compañero y su actitud aprovechada. Por eso es importante
revisar nuestras creencias, pues en el fondo pueden estar
encubriendo miedos o inseguridades. Mientras no seamos
capaces de reconocerlo, tampoco podremos combatir el
verdadero problema.

Lleva las creencias hasta el absurdo. («¿Incluso si...?»)

«Cuando Paco, mi cuñado, me pide el coche. Prefiero no
negárselo para que no se lo tome a mal.» Ante esta situación,
uno debería pensar: «Bueno, y si me lo pidiese una semana
entera, ¿también se lo dejaría para que no se lo tomase a mal?
Y si me lo pidiera todo el mes, ¿qué haría? Aunque podría ser
peor, me podría pedir que se lo dejara toda la vida». Obviamente, la cosa se puede llevar al extremo, y uno se da cuenta de
qué fácil es caer en el absurdo. Todo puede ser cuestionado,
llevado hasta sus últimas consecuencias. Parece que sí estaría
legitimado negarle el coche a alguien si nos lo pide un mes
entero, pero no para una ocasión concreta. Lo que en realidad
importa no es el tiempo que se lo vayamos a dejar, sino si
queremos hacerlo o no. Si el coche no lo necesitamos, qué más
da que sea un día o un mes.

Por lo tanto, una manera de reflexionar sobre nuestras
creencias es caricaturizarlas, distorsionarlas de tal manera que
veamos las verdaderas razones de nuestros planteamientos.
Luego, obviamente, estaremos en disposición de decidir qué
queremos hacer.

Lleva tus creencias hasta las últimas consecuencias.
(«¿Y...?»)

«Julio hace tiempo que tiene dos discos míos y me da reparo pedírselos. No quiero que piense que no me fío de que no me los vaya a devolver.» La pregunta en este caso sería:

—¿Y qué si piensa que no te fías de él?

—Bueno, pues que no es cierto.

—¿Y cuál es el problema de que lo piense aunque no sea cierto?

—Es que no quiero que tenga una idea equivocada de mí.

—¿Y qué pasaría si tuviera una idea equivocada de ti?

—Me gusta que mis amigos sepan cómo soy.

—¿Y ocultándole tus recelos sabe cómo eres?

Hay que dar siempre un paso más, ir un poco más allá para ver exactamente cómo nos comportamos y por qué hacemos lo que hacemos. Pregúntate siempre qué pasaría si lo que supones fuera cierto; quizá descubras que tampoco se esconde detrás ninguna tragedia.

Discute tus creencias con otro. («¿A ti qué te parece?»)

No está de más que, ante ciertas inseguridades, consultemos con otros para ver su punto de vista. Tal como hemos dicho, el mundo no es de una determinada manera, y especialmente el mundo social y las relaciones interpersonales, pues todo está sujeto a la interpretación y a la valoración particular de cada uno. Nuestras creencias están fuertemente determinadas por percepciones que normalmente no tendemos a comprobar, pues no siempre es posible, pero en vez de poner en tela de juicio nuestras valoraciones (en ocasiones tremendistas), damos por supuesto que lo visto, apreciado y valorado es la verdad absoluta e incuestionable. «Mi hermana sigue creyendo que me encantan los macarrones que hace y no sé cómo decirle que no me gustan nada. Es muy sentida y sé que, si le digo algo, se va a disgustar.» Una valoración de este tipo está llevando en este caso a que cada vez que la hermana cocina, le haga comer a disgusto un plato que cada vez se repite con mayor frecuencia. Una pregunta a alguien cercano, del tipo: «¿Crees que si le digo que no me gustan los macarrones se enfadará?», podría darnos la clave para hacernos salir del error.

Ponte en el lugar del otro

Siguiendo con el ejemplo anterior, es fácil pensar que, si somos nosotros los que creemos equivocadamente que uno de nuestros platos le encanta a alguien y se lo cocinamos habitualmente con la falsa creencia de que se deleita con él, cuando en realidad es todo lo contrario, estoy seguro de que cualquiera estaría encantado de que esa persona nos advirtiese de la confusión. ¿O acaso preferiríamos no saber nada y seguir maltratando a nuestro invitado? Seamos adultos; seguramente si nos colocamos en el lugar de la otra persona, veremos que nuestros temores a herirla o hacerla sentir mal no son tan fundados como creíamos; podríamos descubrir, incluso, que sería preferible que actuásemos de manera contraria a como lo estamos haciendo.

Pon a prueba tus creencias. («Veámoslo.»)

«Cuando quedo con mi amigo Julio, él siempre elige adónde debemos ir. Creo que, si le contradigo, dejará de quedar conmigo.» Ante tal afirmación, la mejor manera de saber si la predicción se cumplirá o no es comprobarlo objetivamente, ponerla a prueba. Lo normal sería que, Julio se extrañase por la nueva reacción de su amigo, que con todo se conforma y no pone pero alguno a sus propuestas; así, Julio decide siempre cómo organizar el tiempo de ambos y dónde pasar los ratos de ocio.

Sin embargo, en caso de empezar a hacer propuestas alternativas, suponer que Julio dejaría de quedar con su amigo es mucho suponer. Ante la situación descrita caben dos posibilidades: primera, seguir aguantando y no decir nada por miedo a perder la amistad; segunda, rebelarse y proponer alternativas. Si uno prueba esta segunda opción, podrá comprobar hasta qué punto estaba, o no, en lo cierto. Si al renunciar a nuestro conformismo nuestro amigo decide dejar de frecuentarnos, deberíamos preguntarnos si verdaderamente valía la pena tener una relación en la que estábamos excluidos de voz y voto. Pero quizá haya una sorpresa, quizá Julio no se lo tome a mal, quizá valore nuestra iniciativa o, en caso contrario, el distanciamiento tampoco tendría por qué ser definitivo; es posible que se dé una ruptura inicialmente pero que luego recapacite y vuelva a querer frecuentarnos. La cuestión es que, en la amistad, como en la vida en general, no vale la pena estar sufriendo por cuestiones que son fáciles de comprobar. No debería uno estar basando su comportamiento en premisas que pueden resultar falsas.

Por eso os invito a que toméis buena nota de esos pensamientos que condicionan vuestro comportamiento y, en caso de que sea razonablemente sencillo, comprobad su veracidad, ponedlos a prueba. Quizá no sean tan graves ni tan duraderas las temidas (y siempre magnificadas en nuestra imaginación) consecuencias.

Como hemos podido ver en este apartado, lo que uno cree y piensa acerca de los otros y sus posibles reacciones mantiene muchos comportamientos poco asertivos. Es importante que revisemos nuestro sistema de creencias siempre que sea necesario, es decir, siempre que haya malestar ante una determinada situación en la que creamos que nuestro comportamiento no está siendo el que nos gustaría o, también, cuando el de los otros se interfiera, nos impida realizarnos, sea abusivo o desconsiderado. Seguramente, si nos paramos un momento a tomar conciencia de la situación, la analizamos y registramos qué es lo que ha pasado, en qué momento, qué personas más estaban presentes y qué estábamos pensando en ese momento y lo que hemos pensado después, tomaremos conciencia de nuestro propio patrón de pensamiento, quizá erróneo, que deberemos revisar. También tomaremos conciencia de nuestras emociones, pues puede que nuestro sistema de creencias sea el adecuado y el problema venga de esa emoción tan incapacitante como es la ansiedad. De ella nos vamos a ocupar en el siguiente apartado.

Cuando la ansiedad no te deja. Técnicas de relajación y respiración

La ansiedad es una respuesta natural en el organismo que incrementa el nivel de alerta y predispone a nuestro cuerpo para defenderse ante una amenaza. Por lo tanto, la ansiedad tendría un doble componente: por un lado, nos hace estar más atentos, y, por el otro, hace que nuestros sistemas cardiovascular y muscular se encuentren en condiciones óptimas para la lucha. «¡Qué maravilla!», debería uno pensar, pero muchas personas sufren habitualmente por tener reacciones de ansiedad que no pueden controlar y que viven, en casos extremos, como una experiencia próxima a la muerte (es el llamado *ataque de pánico*).

La ansiedad hace que se active nuestro sistema nervioso autónomo, concretamente el sistema simpático (responsable de las respuestas de activación: tensión muscular, aumento de la tasa cardiaca, vasoconstricción, incremento de la frecuencia respiratoria, aumento de glucosa en sangre, liberación de adrenalina y dopamina, entre otras), y se desactive el sistema parasimpático (responsable de la respuesta de relajación: distensión muscular, decremento de la frecuencia respiratoria, reducción de la tasa cardiaca, vasodilatación, decremento de la glucosa en sangre, liberación de acetilcolina, entre otras).

Cuando se produce la respuesta de ansiedad ante situaciones que no son realmente una amenaza, o cuando su intensidad es desproporcionada ante la situación que la desencadena, hablamos de *ansiedad desadaptativa*. Este tipo de reacciones no son únicamente humanas; los animales pueden aprender a identificar muy fácilmente un estímulo que en principio no tiene capacidad para generar ansiedad como un estímulo que desencadenará inmediatamente esa respuesta. Si cada vez que un animal recibe una pequeña descarga eléctrica se le presenta antes un pitido, después de pocas sesiones cada vez que oiga el pitido se disparará su nivel de ansiedad, aunque luego ya no reciba la descarga. Las personas también tendemos a realizar asociaciones de esta naturaleza, por lo que es fácil que asociemos estímulos neutros con elementos amenazantes; ésta es una de las maneras como se inician las fobias.

Pero las personas, además, «pensamos», tenemos una rica actividad mental, y, lo que es mejor, pensamos a través del lenguaje, por lo que nuestro pensamiento está muy vinculado a lo que decimos, lo que se nos dice y lo que nos decimos a nosotros mismos.

Con todo, ¿por qué percibimos los humanos la ansiedad como algo anómalo? Cuando los humanos han estado expuestos a una situación potencialmente peligrosa en la que su vida podía correr serio peligro, como en un accidente de tráfico, una violenta pelea, una catástrofe natural, una guerra u otras de similares características, la reacción de ansiedad les ha permitido estar más alerta y en mejor disposición para enfrentarse a las demandas de la situación −nadie en esas circunstancias vive la ansiedad como algo que limita sus posibilidades−, pero cuando las personas deben enfrentarse a situaciones en las que, si estuvieran tranquilas, saldrían más airosas o desempeñarían su función de manera más precisa (como hablar en público, en una entrevista de trabajo, iniciar una conversación con alguien que nos gusta, reclamar un derecho que se nos está negando, etcétera), aparece la ansiedad para estropearlo todo. ¿Por qué?

En realidad, las situaciones referenciadas son muy importantes para cualquier persona, pues la valoración social negativa nos afecta mucho (prueba de ello es que hemos desarrollado el sentido del ridículo, una emoción exclusivamente humana). En cuanto a la entrevista de trabajo hay que decir que de ella puede depender nuestro futuro profesional (y, por lo tanto, nuestro sustento); de cómo iniciemos la conversación con esa persona que nos gusta dependerá que consigamos atraer su atención y que, quién sabe, podría acabar siendo la madre o el padre de nuestros hijos. Ante todas esas situaciones, que son importantes para cualquiera, la ansiedad ya no facilita ni garantiza que se desarrollen de la mejor manera, y, pese a ello, se sigue produciendo fruto de nuestro pasado animal en el que, para conseguir una hembra era necesario luchar contra otro macho, o para tener estatus social era necesario desempeñar un papel dominante en el grupo, o para conseguir alimento y defender el territorio era necesario cazar y ahuyentar a otros competidores. En esos casos, cuando el enfrentamiento supone un desafío físico, la respuesta de ansiedad es absolutamente necesaria, pero los humanos hemos desarrollado algo que denominamos *cultura*, y ya no resolvemos (la mayoría de ocasiones) nuestras diferencias a través del cuerpo sino de la palabra, y ésta, por mucho que nos cueste aceptarlo, es incompatible con la ansiedad.

La cuestión sería, por tanto: ¿cómo resolver esta aparente contradicción? Fisiológicamente estamos diseñados para el enfrentamiento físico y culturalmente para el enfrentamiento dialéctico. Para el primero es necesaria la ansiedad; para el segundo, la calma. Bastaría pensar que, si uno sabe todo esto (y lo sabe porque, cuando estamos ante una situación importante y nos ponemos nerviosos, lo primero que tratamos de hacer es calmarnos), ¿por qué no conseguimos que la ansiedad desaparezca?

La respuesta está en un pequeño grupo de neuronas que conforman una estructura denominada *amígdala cerebral*, que es la responsable de gestionar el miedo. En un experimento llevado a cabo para determinar hasta qué punto la amígdala era responsable de la respuesta de ansiedad vinculada al miedo, un buzo bajó encerrado en una jaula de barrotes de acero hasta profundidades donde abundaban los tiburones. Llevaba conectados unos sensores para medir sus respuestas fisiológicas ante la presencia de los tiburones. El buzo sabía que la jaula estaba a prueba de todo impacto y que los tiburones no podrían alcanzarlo en ningún caso. Pese a todo, cuando estuvo en presencia de ellos, todo su sistema de alarma se disparó como si, en realidad, no estuviera protegido. Esto explica que lo que pensamos conscientemente y lo que percibimos no necesariamente tienen que ir de la mano. Aunque sepamos que algo es totalmente inofensivo, nuestra respuesta fisiológica puede ser como si nos fuera la vida en ello. Cuando tenemos que decirle a alguien en el cine, por ejemplo, que deje de molestar, es posible que sintamos ansiedad sólo de pensar que vamos a llamarle la atención, y sentiremos que nuestro corazón late cada vez más deprisa, que la respiración se nos vuelve entrecortada y que nos tiembla la voz. En realidad, sabemos que no va a pasar nada, como mucho la persona nos puede responder de forma grosera, de eso estamos seguros, pero lo vivimos como un enfrentamiento a vida o muerte. ¿Qué hacer entonces? ¿Cómo podemos combatir a la ansiedad cuando no nos deja hacer las cosas como queremos?

Conoce a tu enemigo

Algo crucial a la hora de vencer en un enfrentamiento es conocer bien a tu enemigo; no me refiero al tipo del cine que no para de hablar: me refiero a la ansiedad. Si la queremos vencer, deberemos conocerla bien. Hay que saber que la ansiedad es una de las reacciones más difíciles de controlar, quizá sea imposible del todo cuando aparece con mayor fuerza e intensidad, pero si uno sabe cómo funciona, será más difícil que nos supere. La ansiedad, como hemos dicho, es una respuesta automática, contra la cual de poco valen los pensamientos conscientes (aunque de algo sí valen; lo veremos más adelante), no dura mucho, no se perpetúa en el tiempo y se reduce a medida que afrontamos las situaciones temidas. Por lo tanto, se producirá siempre que «valoremos» una situación como amenazante aunque en realidad «sepamos» que no conlleva ningún riesgo. Cuanto más intentemos controlar los síntomas de la ansiedad, más se intensificarán éstos, por una razón: le estaremos dando demasiada importancia a tener ansiedad, cuando, en realidad, quizá no sea tan importante. Si, cuando estamos nerviosos, alguien nos dice: «Relájate», lo más seguro es que nos pongamos más nerviosos todavía. Las emociones no se pueden prescribir, emergen espontáneamente ante el entorno, ante los otros y, lo que es más importante, ante la interpretación que hagamos mediante nuestros pensamientos de todo lo que nos rodea. Por el contrario, si alguien nos dice: «No te preocupes si estás un poco nervioso; es normal», seguramente nos relajaremos, pues nos estará ayudando a restarle importancia al hecho de estar ansiosos. La respuesta de ansiedad es autónoma, tiene sus propias leyes y no responde a las propias indicaciones. A veces es bueno pensar que, si ocurre, tampoco es nada grave y que, cuanta más importancia se le dé, peor. Aun así, hay maneras de combatirla y te voy a enseñar cómo.

Antes, no obstante, hay que hablar de la ansiedad anticipatoria. Como todos sabemos y se suele decir, «nuestra cabecita no para», esto es, nuestro sistema cognitivo no reduce jamás su actividad, siempre estamos pensando algo y, si sabemos que tenemos que enfrentarnos a alguna situación difícil en breve (pedirle un aumento al jefe, negarnos a una petición, reclamar un derecho, ir a un juicio...), es muy probable que estemos constantemente pensando en esa situación en las horas previas, en el temor que nos producirá, en las reacciones que tendremos al enfrentarnos a ella, en si saldremos airosos y conseguiremos lo que pretendemos y en muchas otras cosas que nos van activando y que nos hacen sentir cada vez más ansiosos, es decir, la tasa de ansiedad sube, no porque nos estemos enfrentando a la situación, sino porque sabemos que nos tendremos que enfrentar y no hacemos más que pensar en ello. El problema es que un montículo se puede convertir en un pico de miles de metros en nuestra imaginación: todo es peor en nuestra fantasía que en la realidad, pues al final nada es tan grave como parecía.

Para poder afrontar la ansiedad anticipatoria, esa que se da antes (en ocasiones mucho antes, hasta meses antes) de que llegue el evento, sí serán muy útiles todas aquellas cosas que nos digamos a nosotros mismos y también aquellas que nos digan los demás. Por eso es importante que trabajemos bien las diferentes técnicas que existen para combatir la ansiedad, pues, aunque no la podamos vencer del todo, siempre será posible llevarse mejor con ella.

Relajación progresiva

Ya hemos dicho que, cuando estamos ansiosos, una de las consecuencias inmediatas es la tensión que se acumula en los músculos y que puede darse con rigidez y temblor; también, como consecuencia, imprecisión en la ejecución de cualquier tarea que queramos realizar. Si aprendemos a controlar la tensión y la rigidez de nuestros músculos, estaremos aprendiendo a controlar una de las consecuencias de la ansiedad y, por tanto, a combatirla.

El uso de la relajación progresiva es una técnica muy eficiente para controlar la ansiedad, especialmente en sus fases iniciales, cuando todavía su intensidad no es muy elevada. Es una técnica compleja que requiere entrenamiento adecuado y el hábito diario de su práctica, pero, si se aprende, resulta muy eficaz para controlar uno de los principales síntomas de la ansiedad: la rigidez muscular y los temblores. Para hablar a fondo de la relajación progresiva, se necesitaría otro volumen entero, pero vamos a ver algunos de sus principios conceptuales y una manera básica de ponerla en práctica.

La técnica de la relajación progresiva consta de dos fases: la primera consiste en aprender a diferenciar cuándo estamos tensos de cuándo estamos relajados. Esto, que puede parecer una obviedad, no lo es, y muchas personas descubren su nivel de tensión y rigidez muscular cuando ésta ya es muy intensa y está provocando malestar. Aprender a diferenciar los distintos estados de relajación y tensión será crucial para poder aprender a relajarse. Para ello se trabajarán diferentes grupos musculares: primero, las manos, después los brazos, cuello, hombros, pecho, abdomen, piernas, pies, etcétera; segundo (una vez se ha aprendido a discriminar entre los músculos cuando están tensos de cuando están relajados), se relajarán aquellos músculos que presenten una tensión innecesaria.

Para empezar a practicar el entrenamiento en relajación progresiva, lo primero que tenemos que hacer es encontrar un espacio adecuado (que esté bien ventilado, donde nadie nos moleste, haya una buena temperatura y la luz adecuada para que nos induzca a un estado de relajación); puede ser en nuestra propia habitación, ventilándola unos minutos antes y dejándola en penumbra. Al principio, lo mejor será iniciarse en los ejercicios estando estirados sobre la cama. Como he dicho anteriormente, al empezar iremos recorriendo todos los grupos musculares, uno a uno, tensándolos y relajándolos progresivamente, para apreciar la diferencia e ir aprendiendo cómo queremos tener cada uno de nuestros músculos.

Empezaremos con las manos (primero una y luego la otra), cerrando los puños con fuerza y centrando la atención en cómo se tensan todos los músculos de la mano. Apretaremos la mano y la mantendremos cinco o seis segundos apretada, después la abriremos. En el contraste entre abrir y cerrar la mano, apreciaremos la diferencia claramente entre tener los músculos de la mano tensos o relajados. Continuaremos por los brazos, tratando de tocar con el interior de las muñecas el hombro. Notaremos cómo se nos tensan los músculos del brazo, que, después de mantenerlos en esa posición unos instantes, relajaremos. Continuaremos así con los hombros (llevándolos hacia arriba), la nuca (llevando la barbilla hacia el pecho), frente y cuero cabelludo (frunciendo el ceño y tensando los músculos de la parte superior del cráneo), etcétera. La cuestión es ir paso a paso, con cada grupo muscular, e ir aprendiendo a diferenciar cuándo el músculo está tenso de cuándo está relajado (unas sesiones de entrenamiento con un buen terapeuta pueden ayudarnos a aprender la técnica perfectamente para luego ponerla en práctica cuando queramos).

Una vez se ha superado la fase de discriminación, seremos capaces de identificar con claridad y precisión qué músculos tenemos tensos y los podremos relajar a voluntad, pues habremos aprendido la técnica.

Todo ello, además, habrá de ser compaginado con una respiración adecuada, pues aprender a respirar será muy importante a la hora de controlar la ansiedad.

Control de la respiración

Respirar es algo que hacemos autónomamente, de forma totalmente inconsciente. La respiración se adecua a las exigencias a las que sometemos a nuestro cuerpo; de esta manera, cuando realizamos ejercicio físico, nuestra respiración es más profunda y más intensa para garantizar un mayor aporte de oxígeno a las células, y pausada y débil mientras dormimos. Cuando estamos ante una situación de peligro, también la respiración se incrementa; por esa razón, si estamos ansiosos (como cuando uno debe hablar en público y tiene miedo a una valoración negativa y a no estar a la altura de las circunstancias), la respiración se vuelve intensa, profunda, y no permite que nos expresemos con firmeza. Saber controlar la respiración será una manera muy eficiente de controlar la ansiedad, y para ello deberemos practicar y aprender. De hecho, y pese a que la respiración es totalmente inconsciente, uno puede intervenir sobre ella a voluntad, haciendo que sea más profunda y lenta, o bien la podemos incrementar si queremos. Hay, por tanto, que aprender a controlarla, a dominarla para que no permita que la ansiedad se apodere de ella. Con todo, la cuestión es romper el círculo vicioso; si impedimos las consecuencias que tiene sobre nuestro organismo una tasa elevada de ansiedad, percibiremos que somos capaces de controlarla y ese control hará que disminuya.

Para controlar la respiración hay que entrenarse, hacerlo diariamente, igual que el entrenamiento en relajación progresiva; hay que practicar en sesiones diarias ambas técnicas, por la mañana y por la noche a ser posible, y así ir tomando el control sobre procesos que en principio son totalmente automáticos, pero que es posible regular desde la voluntad si uno aprende a hacerlo.

Si lo que se pretende es reducir los síntomas de la ansiedad, lo mejor es que respiremos como si estuviéramos tranquilos, es decir, con inspiraciones poco intensas y lentas, llevando el aire al fondo de nuestros pulmones. La técnica de la respiración diafragmática permite aprender a respirar lentamente. Es una técnica sencilla que consiste en llevar el aire inspirado por la nariz lenta y suavemente hasta el fondo de los pulmones. Para ello es el diafragma el que debe trabajar (ese que se desboca cuando tenemos hipo). Al principio practicaremos con el cuerpo estirado, a ser posible antes de empezar con la relajación muscular progresiva.

Colocaremos la palma de una mano sobre el pecho y otra sobre el abdomen e inspiraremos, concentrándonos en el proceso, notando cómo entra el aire en nuestros pulmones, de forma suave y poco intensa. Deberemos conseguir que la mano del pecho permanezca inmóvil y sea la del abdomen la que ascienda y descienda a medida que inspiramos y exhalamos el aire. Entre inspiración y exhalación, mantendremos el aire retenido unos segundos.

Si aprendemos a mantener este tipo de respiración, evitaremos que, ante situaciones difíciles que nos generan ansiedad, nuestra respiración enloquezca y nos haga percibir que estamos perdiendo el control. Para conseguirlo, practicad diariamente, una vez por la mañana y otra por la noche. Es cierto que con el ritmo de vida estresado y urbanita que llevamos, nos sea difícil encontrar momentos para practicar la respiración, también la relajación progresiva, pero estoy seguro de que si uno encuentra tiempo para ir al lavabo (pues la necesidad apremia), también lo encontrará para practicar la relajación progresiva y la respiración diafragmática o abdominal. Al principio, habremos de hacerlo en un lugar concreto, pero después de pocas semanas podremos empezar a practicar mientras vamos en el autobús, en el tren, en el metro, o incluso caminando, pues cuanto más generalicemos lo que vamos aprendiendo, más fácil será ponerlo en práctica ante situaciones que nos cueste superar. Por ejemplo, si estamos en el cine y alguien está molestando, no deberíamos centrar nuestra atención en ello de momento, sino en mirar de relajarnos y en respirar adecuadamente: comprobaremos entonces que estamos mucho más tranquilos y no nos resultará tan difícil pedirle educadamente a quien sea que guarde silencio. Al estar más seguros, nuestra acción se hará de manera calmada y seguramente la otra persona no lo percibirá de manera hostil, probablemente pedirá disculpas y podrás disfrutar de la película. Los otros reaccionarán con agresividad si la perciben en nosotros, y reaccionarán educadamente si se les advierte con calma y sosiego.

Entrenamiento en autoinstrucciones

Todo el mundo mantiene un diálogo interno consigo mismo ante cualquier situación o circunstancia. Lo que pensamos y lo que sentimos se traduce en una secuencia de oraciones dotadas de sentido que se hacen conscientes y que forman parte del flujo normal del pensamiento. Normalmente, este diálogo interno se suele hacer externo cuando realizamos una determinada tarea, vamos verbalizando cada una de las acciones que vamos a llevar a cabo (fruto de la planificación mental) y vamos reforzando los aciertos y lamentándonos por nuestros fracasos. Está comprobado que el tipo de diálogo que uno mantiene consigo mismo puede favorecer o entorpecer (según sea su contenido) la tarea o función que uno esté desarrollando. Un ejemplo de diálogo interno, ante una tarea determinada, como hablar en público, mientras estamos en la tarima minutos antes de iniciar la charla, podría ser: «Bueno, parece que todo el mundo está ya en su sitio. ¡Qué nervioso estoy! Maldita sea, para qué le habré dicho al jefe que ya haría yo la exposición. Como me pase como la última vez, estoy perdido. ¡Madre mía, si ha venido hasta el director general! Dios santo, a ver si se acaba esto cuanto antes. Me están sudando las manos y tengo la boca seca. No voy a poder decir palabra sin que se me note lo nervioso que estoy».

Obviamente, un diálogo interno de este tipo poco va a ayudar al conferenciante a sentirse relajado. Cuanto más se dé argumentos de este tipo, más nervioso se va a poner. Cuanto más nervioso se ponga, más tremendista va a ser el discurso propio de su diálogo interior y la espiral de sensaciones negativas lo podrían llevar al colapso.

El entrenamiento en autoinstrucciones se basa en introducir en el diálogo interior argumentos razonables y positivos que nos ayuden a superar las situaciones difíciles. En realidad, es algo tan sencillo como saber contar con todos los argumentos posibles y abordar la situación sabiendo que es difícil pero no insuperable. La consecuencia de un buen entrenamiento sería un diálogo interior de esta naturaleza: «Bueno, parece que todo el mundo ya está en su sitio. La verdad es que estoy bastante nervioso, aunque es normal, con toda la gente que hay. Pero bueno, tampoco pasa nada, seguro que en cuanto empiece a hablar se me pasa, como siempre. Hasta ha venido el director general, señal de que lo que tengo que contarles está despertando un gran interés. En fin, voy a tratar de no alarmarme, que tampoco es para tanto, y, si cometo algún error, pues ya lo corregiré, no se va a caer el mundo por ello. Seguro que cualquiera de los que están ahí sentados estaría igual o peor que yo si estuvieran aquí arriba, así que es normal estar nervioso ante estas situaciones. No pasa nada».

Obviamente, la ansiedad, que tiene sus propias leyes, tal como he dicho, poco atenderá a lo que digamos; seguramente, si la persona se siente nerviosa, se seguirá sintiendo nerviosa y con miedo ante la situación, pero, como mínimo, un discurso positivo la mantendrá en unos niveles tolerables de ansiedad y le permitirá afrontar la situación con solvencia. Por el contrario, un discurso tremendista la llevaría a que cada vez la ansiedad fuese mayor e incluso a no poder afrontar su charla.

Dicho de esta manera, parecería muy fácil cambiar de discurso, pero no es así. El diálogo interior que uno mantiene consigo mismo suele estar fuertemente afianzado en las experiencias vividas y tiene un componente de automatismo que no es fácil de inhibir. La mejor manera para romperlo es hacer, previamente, antes de enfrentarnos a la situación, un registro del curso del pensamiento. Utilizando el autorregistro dejaremos constancia no sólo del sentido de nuestro pensamiento, sino de todo el curso que ha tenido. Esto supondrá hacer un apartado algo más extenso, pero valdrá la pena tener registrado todo lo que hemos pensado antes de enfrentarnos a la situación temida, justo antes de abordarla, pero también en el momento y lo que hemos pensado después, de la manera más precisa. Una vez lo hayamos registrado, podremos analizarlo y ver, exactamente, cuál ha sido su curso y valorar lo irracional de los pensamientos. De ese registro haremos una lista con los pensamientos que hemos tenido y los diferenciaremos entre negativos (aquellos que no tenían una base racional, que eran tremendistas, que nos aumentan el nivel de ansiedad) de los positivos (los que nos ayudan a comprender la situación, a darle la importancia exacta y a rebajar el nivel de ansiedad). Seguramente, al principio serán muchos los negativos y pocos los positivos. Trataremos luego de ir contrarrestando cada uno de ellos. Así, si antes de enfrentarnos al evento hemos pensado: «No voy ser capaz de hacerlo», y finalmente lo hemos conseguido, anotaremos: «He sido capaz de hacerlo, como otras veces». Si, por el contrario, nos hemos bloqueado y no hemos sido capaces de afrontar la situación, el pensamiento positivo sería: «Esta vez no he sido capaz pero, cuando aprenda a controlar mi ansiedad, iré superándolo poco a poco». La mayoría de pensamientos negativos nacen en la poca condescendencia que tenemos con nosotros mismos. Hemos de ser un poco menos intransigentes con respecto a nuestras competencias, perdonarnos los errores, ser indulgentes y pensar que habrá una nueva oportunidad para mejorar. El tremendismo no lleva a ninguna parte.

Si esto se hace con todos y cada uno de los pensamientos, tendremos una lista nueva de pensamientos facilitadores de la calma y el sosiego que, si no sirven del todo para hacer bajar la ansiedad, lo que es seguro es que no la incrementarán.

Quizá os resulte algo difícil combatir algunos de los argumentos; es normal que existan escollos a la hora de enjuiciar el propio pensamiento. Si es así, sería conveniente acudir a un terapeuta que os ayude a ver las cosas de otra manera, más objetiva, más calmada y más profesional. Si no se puede acceder a uno, habría que contar con la ayuda de una persona cercana, de confianza y a la que le supongamos sentido común, una persona equilibrada y que afronte esas mismas situaciones de manera exitosa, explicarle nuestro problema y pedirle que nos ayude a generar pensamientos positivos. Cuando tengamos la nueva lista, deberemos aprender los nuevos argumentos, de memoria, leerlos una y otra vez, para ir interiorizándolos, en voz alta, aunque sintamos vergüenza al principio.

Cuando tengamos que estar de nuevo ante la situación que nos resulta tan amenazante, nos diremos todas esas cosas: «No te preocupes, has estado trabajando mucho y te va a salir bien. Pero tranquilo, si no sale bien del todo; es normal que estés algo nervioso. No pasa nada. Estás siendo valiente por enfrentarte a esto que te cuesta tanto». Un discurso de esta naturaleza nos ayudará a que la ansiedad baje, especialmente en las horas previas, cuando la ansiedad anticipatoria suele aparecer. Repite una y otra vez los argumentos, créetelos, ten algo de fe en tus posibilidades y los cambios no tardarán en llegar.

Si somos capaces de introducir en nuestro flujo de pensamiento mensajes positivos que nos animen a enfrentar las situaciones temidas y que sean comprensivos con los errores que se puedan cometer, además de controlar la respiración de la manera adecuada y sabiendo relajar los músculos que más se tensan ante las dificultades, es casi seguro que la ansiedad irá bajando y la confianza se apoderará de nosotros como antes lo hizo el miedo.

Todo esto se conseguirá con tu esfuerzo y con trabajo, un trabajo diario, para el que no habrá que tener pereza. Habrá que planteárselo como una prescripción médica, tener el tesón y la voluntad diaria de rellenar el autorregistro, analizarlo, extraer la información, tantas veces como situaciones difíciles nos encontremos. Habrá que practicar como entrenamiento de forma continuada la relajación y la respiración. Nada vendrá del lado de la pereza o la dejadez. En tu trabajo estará tu éxito, pues no hay peor batalla que la que no se libra.

No sabes cómo hacerlo. Entrenamiento en habilidades sociales

Es posible que uno haya conseguido dominar la tensión muscular que producen ciertas situaciones, haya aprendido a controlar la respiración y ésta sea, siempre que uno quiera, pausada. Es posible, también, que se hayan conseguido eliminar los pensamientos negativos que refuerzan las emociones como la ansiedad, el miedo, la falta de confianza, y, aun así, uno tenga dificultades para enfrentarse a una situación concreta. Imaginemos que nos dan una pértiga y nos piden que saltemos por encima de un listón de cuatro metros. Quizá, por mucho público que haya, no nos pongamos nerviosos, ni nos tiemblen las piernas, ni nuestra respiración se acelere, ni pensemos de forma catastrofista. Sin embargo, seguramente no seríamos capaces de saltar con éxito, ni siquiera sin hacernos daño: simplemente no sabemos cómo hacerlo.

Esta misma situación podría darse si no son limitaciones emocionales o cognitivas las que tenemos, sino meramente de recursos. Quizá nuestra fluidez oral no nos capacite para dar una conferencia y lo que debamos hacer sea un curso para mejorar nuestro léxico y la expresión oral. Quizá lo que nos falta son argumentos para contradecir a ese amigo que siempre que discutimos acaba llevando razón porque no sabemos contrarrestar sus ideas. Si queremos vender un producto, será necesario exponerlo con convicción y entusiasmo para involucrar al comprador en la venta y transmitirle las buenas prestaciones del artículo y los muchos beneficios que obtendría de su compra. Hay personas a las que solemos denominar como *personas con don de gentes*, porque en su vida y gracias a su personalidad gozan de habilidades para relacionarse con los otros. Con todo, saben escuchar, atienden adecuadamente los argumentos dados en una conversación, despiertan interés cuando hablan, su tono de voz es estimulante y mantiene activa la atención de quien lo escucha, saben crear expectativas, su expresión oral es rica en ademanes y su elocuencia no necesita cultivarse. Otras personas, sin embargo, son torpes en esas artes y viven, para su desgracia, muchas relaciones interpersonales con dificultad por no haber tenido la oportunidad de asimilar adecuadamente las habilidades sociales necesarias para desenvolverse con mayor soltura. Aun así, todo se puede aprender si uno trabaja adecuadamente y con rigor y no se pretende el éxito de manera inmediata ni se abandona la tarea ante las primeras dificultades.

Por lo tanto, para aprender a hacer algo que nos cuesta y ante lo que tenemos dificultades, será crucial que «nos entrenemos» en el sentido más literal de la palabra. Para entrenarse, lo más adecuado sería tener un entrenador, es decir, un terapeuta que nos guiara y nos indicara en qué aspectos de nuestro comportamiento deberíamos incidir y prestar mayor atención, que nos corrigiera en cada actuación y que, poco a poco, fuera perfilando mejor nuestra competencia a la hora de relacionarnos con los otros. Esto no será posible en muchas ocasiones, por lo que sugiero que las mismas técnicas que nos aplicaría un terapeuta, seamos capaces de, por lo menos, aunque sea de manera aproximativa, conocerlas y beneficiarnos de ellas.

Obviamente, después de haber registrado las situaciones ante las que tenemos problemas, sabremos qué comportamientos queremos mejorar. Las técnicas que vamos a exponer a continuación no se escapan ni al sentido común ni al saber más tradicional, pues básicamente implican que alguien nos observe cuando hacemos algo y nos diga en qué estamos fallando, que nos muestre cómo lo hace él mismo y aprendamos por pura imitación y que ensayemos cada vez más hasta que nuestra actuación sea perfecta, igual que haría un actor cuando debe aprender un papel y el director de la obra le corrige el tono de voz, la expresión corporal, la intensidad del registro, la capacidad de transmitir emociones, etcétera.

Todos hemos utilizado este tipo de técnicas alguna vez: un adolescente que le pregunta a su amigo (más ligón) qué dice a las chicas y cómo se lo dice para tener tanto éxito con ellas; el trabajador que le pide consejo a un amigo para encontrar la forma de solicitar un aumento de sueldo; el estudiante que ensaya la presentación de su tesis doctoral tratando de memorizar un discurso coherente y didáctico para obtener la mejor calificación. Lo que es seguro es que, cuanto más practiquemos, más éxito tendremos siempre: al practicar baja la ansiedad, se fija la actuación, el haber repetido la secuencia nos da seguridad, etcétera. Por lo tanto, el entrenamiento en habilidades sociales no es más que poner en práctica aquello que nos cuesta, primero viendo cómo lo hacen otros más competentes y duchos en la materia, escuchando sus consejos, imitando sus comportamientos, imaginando cómo lo haríamos nosotros, y, finalmente, ensayando como si fuéramos actores sobre un escenario. Veámoslo paso a paso.

Mira cómo lo hago. El modelado

Se podría pensar que por el hecho de que un estudiante haya estado durante toda su vida viendo cómo le daban clase los profesores, sabrá perfectamente cómo debería dar una clase. Esto, obviamente, no es del todo cierto, pues, pese a que será más competente que cualquier persona que no haya presenciado una clase jamás, su manera de dar la clase no será suficientemente clara, precisa y elocuente. No es suficiente con presenciar el comportamiento de otro para aprenderlo; es necesario, además, observar con cierta intención y de manera dirigida para detectar cuáles son las claves, los aspectos importantes, para el desarrollo de una actuación en concreto.

No obstante, el aprendizaje por observación (o aprendizaje vicario) es una de las formas más simples de aprender algo: cualquier niño acaba imitando y comportándose como los que le rodean. Por esta razón hay que aprovechar esa facilidad que tenemos las personas de aprender mirando (que no viendo) aquello para lo que tenemos dificultades.

La primera recomendación, por tanto, será que identifiquemos a alguien de nuestro entorno que sea muy competente en aquello que a nosotros nos cuesta. Una vez tengamos identificada a esa persona (que puede ser de nuestro entorno laboral, familiar o círculo de amigos), deberíamos fijarnos en cómo se comporta siempre que tengamos ocasión, así sea en una reunión, cuando vamos a tomar café, cuando charlamos con ella amistosamente... Si el tipo de comportamiento que nos gustaría aprender no se produce espontáneamente, deberíamos expresarle nuestras dificultades y pedirle que nos haga de modelo. Esto nos puede resultar algo embarazoso así, de entrada, pero es necesario tener alguien en quien fijarse para ir aprendiendo, que nos muestre cómo afronta esa determinada tarea que a nosotros nos cuesta tanto. Puede ser algo tan simple como ir a la administración pública y pedir unos impresos o hacer cualquier trámite, tratar de resolver con el mecánico el que nos quiera cobrar de más, pedirle un aumento de sueldo al jefe o cualquier otra situación que nos suponga una dificultad seria. Estoy seguro de que, pese a la sorpresa inicial, cualquier persona de nuestro entorno se sentirá halagada de ser pretendida como modelo para ayudar a un amigo que lo necesita.

Después de tener a la persona en disposición de ayudarnos, el siguiente paso sería pedirle que nos muestre cómo se enfrentaría él a esa situación que para nosotros es tan dificultosa, y pedirle que nos explicite los detalles que para un recién estrenado observador podrían pasar por alto.

Será interesante que tomemos notas, aunque sea mentalmente, y que hagamos todas las preguntas que creamos oportunas, y, cuando estemos seguros de haber detectado los aspectos clave de la actuación, pasemos al siguiente paso, que será realizar nosotros mismos eso que tanto nos cuesta, tomándolo a él como juez. Antes, sin embargo, explicaremos un paso intermedio que nos ayudará a planificar nuestra actuación antes de pasar a la acción: el ensayo en la imaginación.

Inventar situaciones. El ensayo en la imaginación

El ensayo en la imaginación es, tal como su nombre indica, ensayar en nuestra mente aquellas conductas con las que tenemos dificultades. Es normal que uno, cuando debe enfrentarse a una situación comprometida, trate de visualizarse a sí mismo para ver cómo se comportará en ese momento. Si el ensayo imaginado se realiza habiendo sido instruidos previamente por la persona que hemos elegido como modelo, mucho mejor, pero también podría realizarse a efectos de pura planificación de la acción que habrá que desarrollar.

Es posible que algunas personas, al imaginarse ante la situación que les provoca dificultades, sientan, además, las emociones negativas propias de ese momento: que les suba la ansiedad, que se les acelere el corazón, que la respiración se les incremente, etcétera. También es posible que el diálogo interno empiece a jugarnos una mala pasada y empecemos a pensar que sería mejor dejarlo correr, abandonar la lucha, o cosas por el estilo. Nada peor que dejarse vencer por las emociones y los pensamientos negativos; éstos, en vez de doblegarse uno ante ellos, tal como he dicho, habrá que aceptarlos como algo normal que hay que combatir con las armas adecuadas.

El ensayo en la imaginación permitirá, por tanto, no solamente visualizarnos en una secuencia de acciones encaminadas a la consecución de un fin (que se nos devuelva el libro que habíamos prestado, que el vecino deje de hacer ruido, que nos respeten el turno de palabra...), sino que también nos ayudará a ir controlando la ansiedad y todas las manifestaciones físicas asociadas que nos privan de seguridad y confianza. Paralelamente, podremos combatir el flujo del pensamiento cuando sea negativo y nos daremos instrucciones basadas en mensajes de comprensión de la situación y de aliento para seguir adelante.

Para un ensayo en la imaginación correcto, sobre todo en los inicios, deberíamos estirarnos en la cama, pensar en la situación que queremos afrontar e imaginarnos en cómo lo haríamos si, de verdad, estuviéramos en ella. Deberemos ser muy fieles a cada uno de los pasos que habrá que dar, sintiendo todo lo que tengamos que sentir y poniendo en práctica todo lo que hemos aprendido.

Sería deseable que el ensayo en la imaginación estuviera dirigido por un terapeuta que nos fuese introduciendo paulatinamente en cada una de las situaciones, que condujese con palabras nuestra imaginación. Si no es posible contar con la ayuda de un profesional, deberemos relajarnos, pensar lo más vívidamente cada una de las situaciones, precisando exactamente el lugar en el que se producirán (despacho del director, sala de exposiciones, sala de cine, restaurante, en casa, etcétera), y tratar de evocar todos los detalles posibles para que la situación en cuestión sea lo más fidedigna posible a como la viviremos cuando nos enfrentemos a ella en realidad.

Si hemos sido instruidos, deberemos prestar especial atención a las indicaciones dadas y así nos visualizaremos de forma exitosa, hablando con tranquilidad y solvencia, explicando con claridad nuestras pretensiones y consiguiendo los objetivos planteados. El ensayo, seguramente, no saldrá demasiado bien las primeras veces, pues la ansiedad se disparará y nos hará desistir, o nos sentiremos tan mal que nos visualizaremos en la peor de las catástrofes. Esto es normal y, al principio, deberemos ser consecuentes con el trabajo realizado e insistir nuevamente, pues en cada repetición ganaremos seguridad, así tengamos que repetir en nuestra mente de forma indefinida nuestra actuación. Con ello, tampoco hay que obsesionarse; lo normal es repetir de tres a cinco veces el ensayo imaginado y descansar hasta el siguiente ensayo, que bien podría ser unas horas más tarde o el día siguiente. Poco a poco iremos viendo cómo, al imaginar la situación, nuestra ansiedad no es tan alta ni la respiración tan entrecortada ni nuestro corazón bate ya con tanta fuerza. Cuando sea así, estaremos en disposición de pasar al ensayo conductual, es decir, pasaremos de la imaginación al ensayo real.

Haciendo ver que... El «teatro» o ensayo conductual

Una vez que ya hemos observado bien a nuestro modelo y nos ha dado las instrucciones precisas, que habremos seguido al pie de la letra en el ensayo en la imaginación, estamos en condiciones de empezar a practicar. Practicar supone representar, simular, hacer como si, interpretar, es decir, vamos a ensayar esa conducta que tanto nos cuesta llevar a cabo en la vida real y que nos produce tanto malestar. Normalmente, utilizaremos como interlocutor a la persona que nos está ayudando, al experto que hemos elegido como modelo; él participará también en su papel, tratando de resultar lo más natural y espontáneo posible, como si fuera la situación real. Al ensayar nuestro comportamiento, veremos cómo la ansiedad puede incrementarse, y los miedos aparecer como si estuviéramos ante en el escenario real. Sin embargo, a medida que se practique, esas sensaciones irán disminuyendo, de la misma manera que disminuirán cuando nos enfrentemos a las situaciones temidas en la realidad.

A la hora de practicar el ensayo conductual, es muy importante que uno tenga claro cuál es el problema que está abordando (para ello nos serviremos del autorregistro) y cuál el objetivo que se quiere lograr (pedirle a alguien para salir, negarnos a un favor que se nos ha pedido, reclamar algo que todavía no nos ha sido devuelto, acudir a un juicio, etcétera). Hay muchas situaciones en la vida que nos pueden resultar difíciles de afrontar, y ensayar el comportamiento que nos gustaría tener en ellas es de vital importancia para afrontarlas adecuadamente y salir airosos de ellas.

Tabla 10. Registro de ensayo conductual

Fecha *30 de agosto del 2008*	Lugar *Casa (simulación de reclamación en un comercio)*	Con quién estoy *Con mi amigo Jaime (experto)*
Descripción de la situación	Qué pienso	Qué siento
Jaime me ha enseñado cómo llevar a cabo una discusión con un comerciante que no quiere cambiarme una mercancía defectuosa. Él trabaja como responsable de compras para una gran empresa y debe enfrentarse a situaciones similares a diario	ANTES Que me resultará fácil con él. No es lo mismo que si estuviera en la tienda de verdad	ANTES Estoy emocionado y con ganas de practicar
	DURANTE Creo que no lo estoy haciendo del todo bien	DURANTE Justo en el momento de empezar a reclamar, se me ha disparado la ansiedad, pero he puesto en práctica la respiración abdominal y me ha dado resultado
	DESPUÉS Al final no ha ido del todo mal. He conseguido el objetivo, y eso que me lo ha puesto difícil	DESPUÉS Alivio por haber acabado y satisfacción por haberlo hecho

Tabla 10. Registro de ensayo conductual (*continuación*)

Objetivo
Que me cambien una mercancía defectuosa que he comprado
quién más está presente *Nadie*

Qué hago	Valoración
ANTES He escuchado las indicaciones de Jaime: que tratara de centrarme en los argumentos, que no me violentara por mucho que lo hiciera él, supuesto comerciante, y que me mantuviese firme en mi posición	**PROPIA** Creo que no ha estado mal, pero he olvidado algunos argumentos y creo que ha sido fruto de la ansiedad, que no me ha permitido acordarme de todo
DURANTE He argumentado que la pieza estaba defectuosa y que no era debido a una mala manipulación. He insistido tratando de no alterarme	**DEL EXPERTO** No lo ha hecho mal del todo. Ha estado demasiado centrado en no parecer nervioso y ha dejado de lado argumentos válidos para la discusión
DESPUÉS Hemos reflexionado acerca de mi actuación y Jaime me ha sugerido que volviese a memorizar los argumentos	

Con el ensayo conductual habremos que tener en cuenta algunas consideraciones: es importante llevar un registro, también (aunque sea un poco pesado, es necesario hacerlo) de las habilidades ensayadas y puestas en escena. La hoja de registro podría ser la misma que la del autorregistro, pero con unas ligeras adaptaciones, tal como se puede apreciar en la tabla 10.

Hay que tener en cuenta que durante los ensayos conductuales, normalmente las tasas de ansiedad están muy por debajo de las que se dan ante las situaciones reales, pues es normal no percibir en el ensayo un grado de amenaza importante, que sí se aprecia en las situaciones cuando se dan en la vida real. Esto puede ser un arma de doble filo pues, seguramente, el nivel de seguridad alcanzado durante los ensayos conductuales (también en los imaginados) se verá mermado por la tasa de ansiedad, mayor ante las situaciones reales. Por lo tanto, habrá que saber que esto es así y que los recursos puestos a disposición (entrenamiento en relajación y respiración, también los mensajes positivos del diálogo interior) desempeñarán un papel determinante en las exposiciones reales (que veremos en el próximo punto).

A medida que ensayemos, todo lo sentiremos más fácil, pero esto será igual que el actor de teatro que lleva un año ensayando una obra, que se sabe e interpreta a la perfección, pero el día del estreno siente que no es así, le devoran los nervios y está preocupado por que algo no vaya a salir bien. Esa emoción previa al enfrentamiento es normal; la cuestión es saber abordarla con determinación y con los recursos necesarios, tal como hacen los actores, que practican la relajación y la respiración diafragmática antes de salir a escena, y se dicen a sí mismos que todo va a salir bien, que es normal estar nerviosos antes de salir al escenario, etcétera.

Al ser capaces de utilizar todos estos recursos, que habréis ido practicando diariamente (respiración, relajación, autoinstrucciones, ensayos imaginados, ensayos conductuales), poco a poco, pese a las dificultades que presentan las situaciones temidas, éstas se irán superando.

Otro de los recursos interesantes que hay que tener en cuenta, especialmente ahora que vivimos en una era de esplendor en cuanto a la tecnología audiovisual y el acceso que se tiene a ella, sería grabar los ensayos conductuales para luego poder verlos y valorar las actuaciones con cierta distancia. La importancia de grabar los ensayos conductuales para luego observar nuestro propio desempeño, radica en la posibilidad de apreciar las diferencias de percepción que tenemos sobre tal desempeño cuando salimos de la función de actores. Uno, cuando desarrolla una tarea, tiene una percepción de sí mismo que puede ser completamente distinta cuando se observa a sí mismo desde fuera. Así, las sensaciones de ansiedad que experimentamos de forma tan exagerada en nuestro interior cuando las estamos viviendo, apenas tienen un correlato externo, difícil de apreciar para los otros. Uno puede estar viviendo una auténtica tormenta interior y, desde los ojos de los demás, se puede estar percibiendo como un ligero nerviosismo. Descubrir que nuestras emociones no son tan palpables como creemos hará rebajar la importancia que demos a estar, o no, ansiosos, tensos, con la voz entrecortada o con el corazón completamente desbocado. En realidad, el mundo interior es muy difícil de ser aprehendido por los ojos de un observador externo, que lo único que apreciará será si nos movemos más o menos, si nuestro tono de voz es más o menos elevado, si le miramos o no a los ojos, etcétera.

Vernos grabados puede ser una gran ventaja porque, además, se podrá ir teniendo un registro audiovisual de nuestros ensayos y de la mejoría que vamos adquiriendo, de la mayor competencia a la hora de enfrentarnos a las diferentes situaciones. En caso de no disponer de una videocámara, siempre podremos escucharnos si nos grabamos únicamente la voz, que, aunque ofrecerá menores posibilidades de evaluación, cumplirá con la misma función.

Hay que recordar, también, que en este libro hemos hablado de algunas técnicas para afrontar situaciones difíciles (disco rayado, banco de niebla, ignorar, etcétera). El ensayo conductual será, obviamente, un espacio perfecto para ir entrenándolas, para hacerlas propias y que formen parte de nuestra manera habitual de comportarnos. En ensayar está la clave; cuanto más lo hagamos y más obstinados y tenaces seamos en el empeño, mayor será la fuerza interior, mayor será la energía con la que poco a poco iremos enfrentando esas zonas oscuras que denominamos *miedos* y que sólo necesitan un poco de luz para ser derrotadas.

Vayamos por orden. Programa de aproximación progresiva

Como es natural, en todo este proceso, tanto en lo que hace referencia a los ensayos como ante las situaciones reales, habrá que empezar por lo más sencillo y acabar por lo que ofrezca mayor dificultad. Esto supone ir abordando progresivamente cada una de las situaciones que nos resultan complicadas de superar. Por ello será muy importante haber realizado correctamente la jerarquía de situaciones que evitamos o a las que nos enfrentamos con mucha ansiedad y malestar (*véase* la tabla 9). Es posible que esa jerarquía se vea modificada durante el proceso de entrenamiento, pues podríamos descubrir, durante éste, que una situación que creíamos más sencilla es, en realidad, más compleja de lo que pensábamos. Si es así, deberemos revisar la jerarquía de situaciones y establecer el orden de la manera más fidedigna posible a las dificultades reales que se tienen.

Sin embargo, y aunque uno no esté seguro de que la jerarquía será la definitiva, habrá que empezar por alguna de ellas. Lo que propongo, antes de abordar cada una de esas situaciones, es que revisemos exactamente cuál es el problema principal que nos impide afrontarlas con solvencia. Si es la ansiedad la que no nos deja superarlas, deberemos practicar a conciencia el entrenamiento de la respiración diafragmática y el entrenamiento de la relajación progresiva. Si son el conjunto de creencias irracionales, habrá que poner en práctica el análisis de tales creencias y revisar los argumentos que las sustentan. La cuestión es que para cada situación tengamos detectados los puntos débiles y practiquemos lo suficiente antes de empezar a abordarla. De la misma manera que un deportista se pone en forma antes de empezar la competición, nosotros deberemos entrenarnos en cada una de las respuestas necesarias, en sus componentes más básicos, para tener éxito, primero en los ensayos y luego en la vida real. Una manera complementaria de contrarrestar la ansiedad y los síntomas físicos asociados a ella es practicar ejercicio físico con regularidad (unas tres veces en semana) de manera moderada. Correr unos veinte minutos seguidos o caminar cuarenta con el paso acelerado (no pasear) será suficiente para que nuestro corazón se acostumbre a bombear con más fuerza y nuestra respiración se incremente sin que lo vivamos como un desborde de las emociones.

Antes de empezar con los ensayos habrá, por tanto, que haber practicado mucho las diferentes técnicas de control. Cuando sintamos que controlamos nuestra respiración, que somos capaces de hacerlo en cualquier lugar y condición –no solamente estirados en la cama–, que somos capaces de ejercer un dominio activo sobre nuestra manera de respirar y podamos hacerla decrecer en intensidad y volumen, estaremos en condiciones de empezar a ensayar con las situaciones que mayor ansiedad nos generan.

Si, erróneamente, se pretende ir rápido, la posibilidad de fracaso será mayor. Hay que recordar que tenemos toda la vida para ir mejorando. No podemos pretender conseguir las habilidades que garantizan una comunicación asertiva en pocas semanas, tampoco en meses. El éxito vendrá dado a partir del trabajo diario y sin esperar recompensas inmediatas, pues cultivar nuestras habilidades comunicativas será algo que deberemos hacer durante toda la vida y todos los días. Jamás acabaremos de aprender y de mejorar, ya que la perfección no es más que «el camino» que hay que seguir para sentirse mejor cada día con uno mismo y con los que nos rodean.

Teniendo claros estos conceptos, habrá que empezar por aquella situación que nos ofrezca menor dificultad, la primera de la lista. Recordemos que la primera situación de la lista, en el ejemplo que se ha propuesto, decía: «Cuando quedo con mi amigo Julio, él siempre elige adónde debemos ir». Ésta es una situación excelente para ir empezando a poner en práctica todo lo que hemos aprendido. Lo que primero deberíamos hacer es revisar si, ante esta situación, en caso de querer afrontarla, nuestra ansiedad nos lo permitiría o no. En caso de que la ansiedad no fuera una amenaza, o ya hayamos aprendido a controlarla, empezaríamos con los ensayos en la imaginación. Así, nos visualizaríamos quedando un día con nuestro amigo, identificando correctamente la escena. Si normalmente quedamos en un bar, imaginaríamos que estamos esperando a que llegue mientras nos tomamos un refresco y cómo llega y se sienta, amigablemente. Veremos cómo pregunta qué hacer esa tarde y después de alguna propuesta concreta por nuestra parte (como: «Me gustaría ir al cine a ver esta película»), imaginaremos que él sugiere otra cosa distinta. Nos veríamos a nosotros mismos tratando de que aceptase, por esta vez, acceder a lo que se le ha propuesto. En caso de que se negara, deberíamos exponerle que, normalmente, son sus preferencias y no las nuestras las que finalmente llegan a buen fin. Nos veríamos a nosotros mismos argumentando que estaría bien alternar en cuanto a quién decide y que eso sería mejor para ambos.

La imaginación, seguramente, nos llevaría a pensar que Julio acabaría enfadado y dejándonos esa tarde sentados en la terraza del bar, pero, aun sin saber si esto sería cierto o no, deberemos afrontar esa posibilidad aunque sea de forma imaginaria. Deberíamos recrearnos en esta misma situación imaginando argumentos y reacciones distintas, una y otra vez, hasta que nuestro comportamiento visualizado en la imaginación alcance los niveles de satisfacción que deseamos. La cuestión es que nos veamos como si fuera en una película, exactamente tal y como nos gustaría que sucedieran las cosas.

El siguiente paso sería explicarle a otro amigo, o hermano, o conocido, nuestro problema, y pedirle que hiciera de Julio para ir entrenándonos en nuestra forma de actuar. Si a esa persona la creemos suficientemente hábil socialmente, le podríamos pedir que representara cómo lo haría, y así lo tomaríamos como modelo para luego tratar de imitarlo.

Habrá que ensayar tantas veces como sea necesario y siempre registrar los ensayos y las valoraciones que nos hace nuestro tutor o experto. Cuando se crea, conjuntamente, que la preparación ha sido suficiente, habrá que pasar a la acción y enfrentarse a las tendencias dictatoriales de Julio.

La puesta en escena. Valor y al ruedo

El siguiente paso, ya definitivo, sería enfrentarse a la situación real. Habrá que decirle a nuestro amigo que no estamos de acuerdo con que sea siempre él el que determine los planes y se haga todo conforme a su manera (ir a comer adonde él dice, ir a ver las películas que él dice, ir a jugar a billar cuando él dice, etcétera). En la primera oportunidad que tengamos de enfrentarnos a la situación, es posible que acabemos cediendo nuevamente y no hagamos nada de lo que teníamos previsto. Es normal que algo así ocurra, pues nuestro comportamiento con nuestro amigo ha sido así durante mucho tiempo y empezar a cambiar los hábitos siempre cuesta. Si esto nos ocurriera, fruto de la indecisión, no deberíamos venirnos abajo; simplemente no habremos aprovechado la oportunidad que hemos tenido (no deja el delantero de creer en sus posibilidades cuando no consigue marcar en la primera ocasión de gol que tiene; al contrario, habrá de estar más atento para no perderse la siguiente). Quizá sea en la segunda o en la tercera oportunidad cuando nos atrevamos a decirle a nuestro amigo que no vamos, por esta vez, a ceder.

Muy probablemente, su reacción será de sorpresa, quizá de cierta contrariedad, y tampoco la escena se desarrollará como habíamos practicado en el ensayo en la imaginación, pues ésta es una situación real. No obstante, nuestro comportamiento, el que depende de uno mismo, sí será bastante parecido al que habíamos ensayado y habremos conseguido nuestro propósito, que no era que Julio acabase haciendo lo que pretendíamos, sino exponer que nosotros teníamos otras preferencias. En cualquier caso, el haber expuesto nuestra oposición (aunque haya sido con cierto nerviosismo e inseguridad) habrá sido un gran paso, habremos pasado de la inmovilidad a la acción, y eso tendrá su recompensa. Nos sentiremos mejor por no haber cedido y por habernos expresado abiertamente, aunque la consecuencia haya sido la sorpresa y quién sabe si el enfado de nuestro amigo.

Después, deberemos valorar y registrar el incidente, y apuntar minuciosamente todos los detalles, que seguramente permanecerán muy vívidos en nuestra memoria, para analizarlos después. Tendremos, con toda seguridad, después de ésa, otras muchas oportunidades para expresar nuestra disconformidad ante Julio o ante quien sea que manifieste sus preferencias si no coinciden con las nuestras. No será hasta que nos sintamos perfectamente cómodos a la hora de expresarnos y manejemos con solvencia y sin angustias ante este tipo de situaciones, cuando abordaremos la siguiente de la lista, repitiendo entonces el proceso.

Es muy importante tener claro que no se deberá abordar ninguna situación de mayor dificultad hasta que la inmediatamente anterior en grado de dificultad no esté completamente superada. Si no lo hacemos así (pese a que será más lento y laborioso), nos encontraremos con complicaciones añadidas y llegará un punto en el que no podremos seguir avanzando. Si el camino recorrido se ha hecho correctamente, siempre iremos hacia delante; en caso contrario, habrá que volver atrás.

También es posible que, habiendo tenido superada por completo una situación, pasemos a la siguiente y no seamos capaces de superarla. Esto ocurre cuando el incremento de dificultad entre situaciones es muy grande y el haber superado un obstáculo anterior no nos ha preparado lo suficiente para que podamos abordar el siguiente. Si es así, deberemos volver a la situación anterior, asegurarnos de que la tenemos totalmente controlada y, antes de pasar a la siguiente, buscar otras que puedan estar en un nivel de dificultad intermedio. En ocasiones encontraremos esas situaciones pensando en variaciones de esa que nos ha resultado imposible afrontar (quizá no podamos reclamar en persona algo que sí podríamos hacer por teléfono). Busquemos siempre la dificultad, pero no la imposibilidad. Sería como si un atleta, un saltador de altura, quisiera pasar de los cuatro a los cinco metros de golpe. No va a poder ser, tendrá que ir paso a paso, y si, llegado un punto, los incrementos de cinco centímetros no son superables, habrá que trabajar con incrementos menores. La cuestión radica en ser pertinaz, avanzar progresivamente y entender que no nos va la vida en ello, y que si prosperamos sin pausa pero sin prisa, el éxito estará garantizado.

No se debe olvidar, en ningún momento, que hay que registrar todas las situaciones a las que nos enfrentamos, valorando siempre cuál ha sido nuestro nivel de ansiedad, cómo nos hemos sentido y si consideramos que hemos superado la situación o no. Tomar conciencia de las limitaciones que tenemos será crucial para ir avanzando y mejorando en nuestras relaciones interpersonales. Después de muchos registros podremos ir viendo la evolución que estamos teniendo, no solamente desde la sensación interior de ir creciendo en seguridad, sino de una manera objetiva, pues lo que queda registrado no estará sujeto a distorsiones de la memoria.

CONSEJOS Y CONSIDERACIONES FINALES

No son pocas las cosas que se han dicho en este libro, pues es mucha la información que se ha puesto a disposición para empezar a trabajar en aquellos aspectos de nuestra vida que, sin saber muy bien por qué, nos van mermando la autoestima, nos hacen sentir mal, nos llenan de obligaciones hacia los otros y nos impiden llevar una vida plena, sin resentimientos hacia el prójimo o hacia nosotros mismos, por no atrevernos a expresarnos tal y como somos. Mucha gente esconde detrás de una apariencia amable inquinas hacia quien les somete, les impide su desarrollo y su libre manifestación. La mayoría de los límites y de restricciones, sin embargo, no están en los demás, sino en uno mismo, en los miedos que se cuecen en el caldo de las inseguridades y las desconfianzas, en el temor a ser rechazados, a no ser queridos.

Es difícil saber hacia dónde camina nuestra sociedad, cómo será en un futuro, lejano o no. Lo que sí es cierto, teniendo en cuenta de dónde venimos, es que muchas cosas cambiarán pero otras se mantendrán constantes. Por mucho que evolucionemos como sociedad, por mucho bienestar que se logre, lo único que cuenta siempre, al final, es la calidad de nuestras emociones: querer y ser querido. No habrá jamás juguete ni artilugio que colme la felicidad de un niño en comparación con la atención que le brinda su padre o su madre, a través de la caricia y del abrazo. Los infelices, los hay de todas clases, también ricos y podridos de dinero, los que han amasado fortunas y los que las han perdido. También hay gente feliz, algunos con dinero y otros sin él, pues seguramente estarán rodeados de afectos positivos y se entregarán sin prejuicios y sin reservas a lo que todo el mundo quiere: ser reconocido y valorado por los demás.

Conseguir la felicidad es el objetivo de toda persona de bien, y eso no cae del cielo como regalo divino. Ser feliz es una manera de estar en la vida que no tiene nada que ver con la hipocresía ni la ambición, ni con la avaricia ni el recelo, tampoco con el sometimiento. Ser feliz es caminar día a día ofreciendo lo mejor de uno mismo a los otros pero sin caer en la esclavitud. Ser feliz empieza por el respeto a uno mismo, por saber que tenemos tanto derecho a estar aquí como cualquier otra persona, que tenemos derecho a expresarnos tal y como somos, sin renunciar a nada, abiertamente, sin miedos que nos limiten y nos mutilen.

Este libro, con sus reflexiones, con sus consejos, con sus recomendaciones, es sólo una herramienta para que se pueda tomar conciencia de muchos y muy malos vicios que tenemos a la hora de relacionarnos con los otros. Ha sido planteado justamente para que las víctimas de abusos en la relación interpersonal puedan desarrollar estrategias y mejorar sus habilidades para defenderse de las muchas agresiones veladas, sutiles, casi imperceptibles (ese saludo que se nos niega, ese turno de palabra que no se nos respeta, la risa contenida, la mueca de burla apenas atisbada, el comentario a las espaldas, la crítica infundada...), pero que tanto daño hacen.

Y pese a que el libro está escrito en clave de «víctima», no dejaré pasar la ocasión para que también se reflexione sobre nuestra condición de agresores, pues con relativa facilidad los que son víctimas pueden acabar convirtiéndose en verdugos, ya que siempre habrá gente más débil con la que desquitarnos por no saber enfrentarnos a los que nos oprimen y subyugan. Si es así, reflexiona si con tu actitud estás contribuyendo a que alguien a tu alrededor se pueda sentir mal por cómo te comportas, y, si lo crees necesario, no dudes en hacer algo al respecto. Mejora la calidad de tus relaciones, no te dejes pisar y no pises; ésa es la regla para rodearte de gente valiosa que se merezca todo tu aprecio y consideración.

Seguramente, el camino emprendido para mejorar tus relaciones no será fácil. Es muy posible que dejes gente en el camino, que haya quien ya no quiera saber de ti porque has decidido rebelarte contra tu condición de esclavo. Será grande el esfuerzo que habrás de realizar diariamente y no faltarán los momentos de desfallecimiento. Cuando lleguen los duros momentos de flaqueza, mira hacia atrás y verás que no es poco lo que has conseguido, pues no ir a peor ya puede ser un logro. Pero si, después de todo, no eres capaz de salir adelante, pide ayuda; hay profesionales muy capaces y válidos para darte ese punto de apoyo necesario que te permitirá superar tus miedos.

No tengo la menor duda de que en lo más profundo de ti, poco a poco irás cultivando esa gran fortuna que se llama *seguridad y confianza*.

¡Felicidades por haber llegado hasta aquí! Considéralo ya como un logro.

ÍNDICE

books4pocket